Mon enfant,
je l'aime,
je le comprends

Les Éditions Transcontinental
1100, boul. René-Lévesque Ouest, 24ᵉ étage
Montréal (Québec) H3B 4X9
Téléphone : 514 392-9000 ou 1 800 361-5479
www.livres.transcontinental.ca

**Catalogage avant publication de Bibliothèque et Archives nationales du Québec et
Bibliothèque et Archives Canada**
Dosani, Sabina
Mon enfant, je l'aime, je le comprends : 52 idées géniales pour rendre les autres parents jaloux
(52 idées géniales)
Traduction de : *Raise pre-teens.*

ISBN 978-2-89472-352-4

1. Éducation des enfants. 2. Parents et enfants. I. Cross, Peter, 1952-   . II. Titre. III. Collection.
HQ769.D6714 2008 649'.1   C2007-941191-6

Révision : Martin Benoit
Correction : Jacinthe Lesage
Mise en pages : Centre de production partagée Transcontinental
Conception graphique de la couverture : Studio Andrée Robillard
Impression : Transcontinental Gagné

Cet ouvrage est paru en anglais sous le titre *Raise pre-teens*
Copyright © The Infinite Ideas Company Limited 2004. Tous droits réservés.

Imprimé au Canada
© Les Éditions Transcontinental, 2008, pour la version française publiée en Amérique du Nord
Dépôt légal – Bibliothèque et Archives nationales du Québec, 3ᵉ trimestre 2008
Bibliothèque et Archives Canada

Nous reconnaissons, pour nos activités d'édition, l'aide financière du gouvernement du Canada
par l'entremise du Programme d'aide au développement de l'industrie de l'édition (PADIÉ).
Nous remercions également la SODEC de son appui financier (programmes Aide à l'édition
et Aide à la promotion).

Pour connaître nos autres titres, consultez le **www.livres.transcontinental.ca.** Pour bénéficier
de nos tarifs spéciaux s'appliquant aux bibliothèques d'entreprise ou aux achats en gros, in-
formez-vous au **1 866 800-2500.**

D^{re} Sabina Dosani et Peter Cross

Mon enfant, je l'aime, je le comprends

Traduit de l'anglais par Jacinthe Lesage, trad. a.

Les Éditions Transcontinental

Table des matières

Une fête d'enfants réussie est, en un certain sens, le couronnement d'une carrière de parent. Votre mission consiste donc à préparer la plus belle fête possible... sans vous mettre dans le rouge.

L'apprentissage de la propreté permet d'en finir avec les couches, qui cèdent alors la place aux petites culottes et aux sous-vêtements. Adieu bébé, bonjour bambin !

Les enfants se disputent encore ! Ne pourraient-ils pas vous accorder quelques instants de répit ? Nous croyons que c'est possible, et voici comment y parvenir.

Qui viendra garder vos enfants ce soir ? Les confierez-vous à une gardienne qui prendra ses aises ? Vous coûtera-t-elle plus cher que votre sortie ? Vous avez deux options : ne jamais sortir ou lire ce qui suit.

L'énurésie est un problème humiliant, pénible pour vos enfants, pour vous-même... et pour votre laveuse. Ne vous contentez pas de rêver de nuits sans pipi et agissez. Voici ce qu'il vous faut faire pour réussir.

Un concept génial

Chaque chapitre de ce livre vous propose une idée enthousiasmante que vous pourrez lire rapidement et mettre en pratique sur-le-champ.

De plus, tout au long de ces pages, vous trouverez en marge trois rubriques qui vous permettront d'entrer dans le vif du sujet. Les voici :

- *On plonge !* Faites-en l'essai tout de suite pour savoir comment vous vous êtes débrouillé jusque-là.

- *De fil en aiguille.* Si vous avez trouvé un truc particulièrement utile, il n'y a pas de temps à perdre. De fil en aiguille vous dirigera instantanément vers une autre astuce complétant et étoffant la première.

- *Vos questions, nos solutions.* Si vous réussissez du premier coup, essayez de contenir votre étonnement. Par contre, si vous ne touchez pas encore au but, vous trouverez ici une minifoire aux questions qui aborde des problèmes courants en indiquant comment les résoudre.

Enfin, vous trouverez ici et là des paroles sages – ou folles – des maîtres de l'art – ou d'illustres inconnus – pour vous faire réfléchir et sourire.

Introduction

Il n'est pas facile d'élever des enfants. Les nouveaux parents entreprennent cette tâche au pif, sans formation. Pleins de bonnes intentions, familles et amis prodiguent toutes sortes de conseils, parfois assez curieux. Cependant, il revient aux parents de prendre leurs propres décisions. La vie les oblige à faire leur apprentissage sans perdre de temps. Cela dit, ceux qui sont capables de tirer parti de l'expérience, de l'expertise et des idées géniales d'autrui sont ceux qui apprennent le plus vite.

Voilà pourquoi ce livre existe. Nous n'avons pas inventé la formule des *52 idées géniales*, mais elle convient parfaitement à notre sujet. Elle nous donne la possibilité de partager avec vous des centaines d'idées et de suggestions pratiques qui amélioreront la qualité de votre vie familiale. En jetant un rapide coup d'œil sur le contenu, vous aurez une bonne idée du style du livre. Vous y trouverez des idées sur la lecture, les animaux de compagnie, la cuisine et la musique. Dans un tout autre ordre d'idées, nous abordons des sujets comme les façons de bien se comporter et le respect des limites personnelles. Nous n'avons pas évité les affaires sérieuses ; nous parlons donc de mort et nous espérons vous aider à sauver les meubles si votre mariage est en train de sombrer. Nous avons aussi des conseils à vous prodiguer sur des sujets comme le sexe, la cigarette et les drogues.

Par ailleurs, nous avons décidé de ne pas regrouper tous les sujets liés à un même thème. De toute façon, la vie n'est pas compartimentée, surtout pas celle de parents ! Ainsi, la section « L'enfant qui mouille son lit » est suivie de la partie « Éteindre la télé » (c'est une des rares occasions où nous nous montrons catégoriques), puis de nos idées sur la façon de trouver et de garder une bonne garderie.

La plupart des 52 idées réunies ici sont liées à d'autres sujets, qui peuvent aussi vous donner des idées et des suggestions pertinentes. Les éditeurs et nous pensons qu'il faut considérer ce livre et ceux du même type comme une nourriture dont se sert le cerveau pour alimenter la pensée latérale. Nous serions heureux d'apprendre que vous avez mis nos conseils en pratique. Sachez toutefois que ce ne sont que des plates-formes à partir desquelles vous pouvez laisser aller votre imagination. Elles servent à aiguiser votre appétit et à stimuler votre créativité.

Bon nombre des idées que nous présentons dans ce livre ne sont pas neuves, mais nous espérons qu'elles vous inspireront de nouvelles façons d'aborder et de régler de vieux problèmes. Nous sommes des adeptes de l'école « il faut se lancer pour savoir si ça marche ». Si vous n'en êtes pas encore membre, il est temps de vous y inscrire. Il s'agit de considérer certaines suggestions intéressantes, de voir si elles fonctionnent pour vous et votre famille, et de rejeter ou de modifier celles qui ne font pas l'affaire.

Nous aimerions remercier les nombreux parents et grands-parents qui ont contribué d'une manière ou d'une autre à l'élaboration de ce livre en nous livrant leurs histoires et leurs suggestions. Certaines histoires n'ont pas été publiées. Ainsi, une mère se plaignait du fait que sa fille de onze ans s'éternisait avec ses amies, après ses réunions de guides, avant de monter dans la voiture pour rentrer à la maison. Elle a trouvé elle-même la solution à son problème : elle s'est mise à enfiler une vieille robe et à porter des bigoudis lorsqu'elle allait chercher sa fille. Fin du problème.

Par ailleurs, les enfants eux-mêmes nous ont fourni quantité de renseignements essentiels. Même les plus jeunes ont bien des choses à confier lorsqu'on leur témoigne de l'intérêt et qu'on est prêt à les écouter. L'éducation se fait en public aussi bien qu'entre les murs de la maison. Les bons et les mauvais exemples abondent pour quiconque se donne la peine de regarder et d'écouter.

Souvent, les parents n'ont pas des moyens illimités. Et même si c'est le cas, nous ne leur conseillons pas d'acheter la paix. À long terme, dépenser pour régler les difficultés que la vie nous apporte n'est pas une solution. C'est une des leçons les plus importantes que doivent apprendre les enfants. L'imagination et la planification donnent davantage de résultats. La plupart des parents que nous connaissons ne peuvent consacrer tout leur temps et toute leur énergie à s'occuper de leurs jeunes. Ils ont beaucoup de problèmes à régler ; l'éducation des enfants n'en représente qu'une partie.

Il n'est pas toujours facile d'élever des enfants, mais, la plupart du temps, cette tâche devrait être amusante, enrichissante et valorisante. Certains parents réussissent à bien jouer leur rôle, alors que d'autres en arrachent. Nous avons jonglé avec cette question tout au long de la rédaction de ce livre. Puis, nous avons été témoins d'un incident qui illustre ce point à la perfection. À l'occasion d'un court voyage en train, nous avons remarqué deux mères ; chacune était accompagnée de deux jeunes enfants. Toutes deux ont dû se démener pour monter leurs poussettes dans le train, mais les choses ont ensuite pris une allure différente pour chacune. L'une d'elles a passé son temps à gronder ses enfants qui, comme ils ne savaient pas quoi faire, se disputaient et l'interrompaient lorsqu'elle utilisait son cellulaire. L'autre avait apporté des livres ainsi que des jouets incassables pour stimuler ses enfants. Ceux-ci jasaient avec leur mère, et le plus vieux s'occupait même de la plus jeune.

Ces deux petites familles semblaient avoir un statut socio-économique similaire (si on prend comme référence l'habillement, qui en donne souvent une bonne idée), mais leur qualité de vie ne pouvait être plus différente. Pour la première, le voyage en train était synonyme d'ennui, de problèmes, de disputes et d'humiliation publique, alors que, pour la seconde, il s'agissait d'une expérience stimulante en présence d'une adulte détendue et calme. L'aptitude à se mettre à la place des enfants, à voir le monde avec leurs yeux, à penser aux problèmes prévisibles et imprévisibles et à y apporter des solutions appropriées ne permet peut-être pas de résoudre toutes les difficultés, mais, à notre avis, c'est un début.

01

Organiser une fête d'enfants

Une fête d'enfants réussie est, en un certain sens, le couronnement d'une carrière de parent. Votre mission consiste donc à préparer la plus belle fête possible... sans vous mettre dans le rouge.

Anniversaires, baptêmes, bar-mitsvah et autres célébrations... Les événements marquants de la vie de vos enfants sont-ils des boulets pour vous ? Que vous ayez à organiser une grande fête animée ou une simple rencontre intime, vous pouvez employer nos conseils pour transformer cette obligation en plaisir.

LE LIEU DE LA FÊTE : UN ÉLÉMENT PRIMORDIAL

À la maison ou ailleurs ? En définitive, cela dépend de deux choses : de votre budget et du nombre d'objets fragiles que vous possédez. Si vous voulez que la fête se déroule ailleurs que chez vous, comme à la piscine du quartier, vérifiez bien ce qu'inclut le forfait. À certains endroits, on attire la clientèle avec des frais de location peu élevés, mais on oblige ensuite les gens à utiliser un service de traiteur de mauvaise qualité et très onéreux. Si on vous propose un animateur pour amuser vos jeunes, vérifiez quelle sera la durée de sa prestation. S'il n'est présent que pendant une heure, vous devrez ensuite improviser des activités pour distraire une bande d'enfants en territoire inconnu.

À L'AIDE !

Plus les enfants sont jeunes, plus vous aurez besoin d'autres adultes pour vous aider. Voici un tableau qui indique rapidement combien de paires de mains supplémentaires vous devrez recruter.

Pour les enfants de…	1 adulte par groupe de…
5 ans et moins	5 enfants
6 ans	6 enfants
7 ans	7 enfants
8 ans	8 enfants
9 ans	9 enfants
10 ans et plus	10 enfants

AU MOMENT DE LA FÊTE

Pour être agréables, les réjouissances destinées aux plus jeunes ne doivent pas durer trop longtemps. La plupart des fêtes pour préadolescents devraient avoir lieu entre 15 h et 18 h. Bien sûr, il y a des exceptions, comme les soirées pyjamas à la suite desquelles des jeunes restent dormir chez vous. Celles-ci doivent être organisées pour des groupes peu nombreux. Pour éviter les problèmes, planifiez des activités toutes les 30 minutes et remettez un plan tel que le suivant aux personnes qui vous aident :

ON PLONGE !

Demandez à quelqu'un de maquiller ou de déguiser les enfants en fonction du thème de la fête. Si les porcelets sont à l'honneur, donnez à chacun des invités une queue en tire-bouchon (que vous fabriquerez facilement en enroulant des cure-pipes roses).

Heure	Activité
15 h	Jeu pour casser la glace
15 h 30	Jeu animé et dynamique
16 h	Collation et gâteau
16 h 30	Jeux tranquilles pendant que la digestion se fait
17 h	Jeux tumultueux ou compétitions avec prix
17 h 30	Jeu pour calmer les enfants
18 h	Retour à la maison

> ### DE FIL EN AIGUILLE
>
> Les jeux habituels ennuient les enfants ? Lisez l'idée 15, « Des jeux pour tout le monde ».

D'UNE GÉNÉRATION À L'AUTRE

Les jeunes enfants ont du plaisir à jouer à la chaise musicale mais, une fois qu'ils sont à l'âge scolaire, ils préfèrent des fêtes plus animées. Ils peuvent se montrer désagréables et qualifier de puériles vos propositions de jeux. Les enfants d'âge scolaire subissent d'énormes pressions pour que leurs fêtes soient vraiment *in*; ne vous surprenez donc pas s'ils ne désirent plus s'amuser à simplement « faire le mort ».

LE SECRET D'UNE FÊTE RÉUSSIE

Les fêtes les plus agréables sont des réjouissances à thème. Les meilleurs thèmes sont ceux qui intéressent actuellement votre enfant. Il peut s'agir aussi bien de sa couleur préférée que d'un sujet comme les astronautes. Pour que la fête soit un franc succès, respectez-en le thème du début à la fin, depuis les invitations jusqu'aux sacs que les jeunes rapporteront à la maison, en passant par les décorations, les costumes, les jeux, la musique et la nourriture. En outre, faites participer vos enfants à l'organisation, par exemple en leur demandant d'écrire le texte des invitations.

Si votre bambin adore le vert, écrivez le texte des invitations sur du papier vert ; décorez votre maison avec des banderoles et des ballons verts. Dites clairement aux invités, et aux parents qui les accompagnent, qu'ils doivent porter du vert. Servez des hors-d'œuvre au concombre, du céleri avec du guacamole, des poivrons verts, des olives, du Jell-O vert et d'autres grignotines de couleur verte.

SUCCÈS GARANTI !

Voici quelques exemples de fêtes thématiques qui plairont à coup sûr.

Une fête de princesses

Les fillettes adorent montrer leurs costumes de ballerines. Vous pouvez donc organiser une fête de princesses à l'extérieur, avec un gros château. Des invitations en forme d'étoiles scintillantes donneront le ton. Pour que vos couronnes en carton soient fabuleuses, décorez-les de bonbons brillants.

Une fête à l'ère des pharaons

Le thème de l'Égypte antique convient bien aux fêtes réunissant des enfants de différents groupes d'âge. Jouez à épingler une queue sur un sphinx. Organisez une compétition de marche à l'image des Égyptiens. Remettez à une des personnes qui vous aident un crayon de maquillage pour faire aux fillettes des yeux de Cléopâtre.

Une fouille archéologique

La semaine avant la fête, achetez quelques pots en terre cuite bon marché ; peignez chacun d'eux d'une couleur différente ; enveloppez-les dans une serviette et, à l'aide d'un marteau, cassez-les en quatre ou cinq morceaux. Enterrez le tout dans un tas de sable. Divisez les invités en quatre équipes, en donnant le nom d'une couleur à chacune de celles-ci. Chaque groupe devra creuser dans le tas de sable pour trouver les morceaux qui correspondent à sa couleur, puis les assembler avec du ruban adhésif. Pour encourager les archéologues en herbe, vous pouvez aussi enterrer quelques pièces de monnaie en chocolat.

Une fête de pirates

Remettez aux pirates des cache-œil (que vous fabriquerez avec des rondelles de feutre noir fixées à des élastiques) ou des foulards (par exemple, des linges à vaisselle). Pour que la fête soit vraiment spéciale, organisez une chasse au trésor. Vous savez mieux que nous quels types de petits cadeaux choisir comme trésor pour faire plaisir aux amis de vos enfants. Cachez-les, puis préparez des indices avant l'arrivée des invités. Si vous avez dissimulé les cadeaux dans le placard de la salle de lavage, écrivez sur un morceau de papier : « Les trésors sont dans le placard qui renferme les plus gros contenants de produits. » Cachez cet indice quelque part, disons dans la boîte à pain, puis écrivez un autre texte qui mène les enfants à cette dernière ; continuez ainsi à reculons jusqu'à ce que vous ayez une douzaine de bouts de papier servant d'indices.

Une fête sur le thème de la jungle

Les safaris sont très populaires auprès des enfants de sept à neuf ans. Ils doivent avoir lieu le soir, habituellement l'été. Rédigez les invitations sur des cartes blanches, mais demandez à votre enfant de les agrémenter en décorant leur endos de zébrures noires. Les adultes (les guides du safari) aideront les jeunes à faire cuire leur repas sur le barbecue, puis leur raconteront des histoires qui leur donneront la chair de poule. Les invités dormiront dans des tentes, à l'extérieur.

Des stars

Beaucoup de filles de onze ans aiment ce qui brille. Vous voulez leur offrir une fête qui sort de l'ordinaire ? Organisez un « déjeuner à Hollywood ». Rédigez les invitations sur des fiches bleues, à l'image du Tiffany's. Dessinez un cercle, puis demandez à votre fille d'y coller des paillettes en forme de diamant pour donner l'impression qu'il s'agit d'une bague. À l'arrivée des invitées, distribuez-leur du brillant à lèvres : rien ne vaut ce dernier pour leur donner une allure de star. Fabriquez des napperons peu communs en y collant des photos de vedettes. Servez aux filles des croissants, des bagels, des crêpes ou un déjeuner complet. Dénichez sur Internet des photos d'une chanteuse populaire, faites-les imprimer et insérez-les dans des cadres bon marché : voilà de jolis objets à faire tirer ou à offrir comme prix aux vainqueurs des jeux que vous aurez organisés.

Il ne s'agit là que de quelques suggestions. Les fêtes les plus agréables sont celles dont le thème intéresse vraiment l'enfant. Notez qu'un thème associé à un sexe en particulier peut être combiné avec un autre. Bien sûr, il est plus facile de réunir « Pirates » et « Princesses » que « Safari » et « Déjeuner à Hollywood ».

Plus une fête
se termine tôt,
mieux c'est.
JANE AUSTEN, Emma

LA FÊTE EST TERMINÉE

Lorsque la fête est finie et que les parents viennent chercher leurs jeunes, n'invitez surtout pas les adultes à entrer chez vous. C'est une très mauvaise idée de laisser une fête d'enfants se transformer en réunion d'adultes. Si vous le faites, les parents oublieront de surveiller leurs enfants, qui se mettront à courir partout dans la maison. Par ailleurs, les personnes qui étaient là pour vous aider ne résisteront pas à la tentation de se servir un verre.

VOS QUESTIONS, NOS SOLUTIONS

Ma fille voudrait organiser une grande fête qui coûte très cher, mais nous n'en avons pas les moyens. Que nous suggérez-vous de faire ?

Pouvez-vous vous permettre une version simplifiée ? Au lieu d'emmener une ribambelle d'enfants à Disney World, invitez trois des meilleures amies de votre fille au parc d'attractions de votre ville. Si elle ne change pas d'avis, parlez-lui franchement de votre budget. Accepterait-elle que la fête qu'elle désire soit aussi son cadeau ? Voudrait-elle jumeler son anniversaire avec celui d'une amie, ce qui réduirait les coûts de moitié ?

02

Le petit pot

L'apprentissage de la propreté permet d'en finir avec les couches, qui cèdent alors la place aux petites culottes et aux sous-vêtements. Adieu bébé, bonjour bambin !

Si, comme bien des parents, vous ne savez pas vraiment quand doit commencer l'apprentissage de la propreté, sachez que, selon la plupart des ouvrages traitant d'éducation, cela devrait avoir lieu entre l'âge de 18 et de 24 mois.

Cependant, le vrai moment, c'est celui où votre enfant est prêt. En général, les filles contrôlent leur vessie et leurs intestins vers l'âge de 24 mois, et les garçons, vers l'âge de 36 mois. Certains enfants sont propres à un an, mais cela ne constitue absolument pas un signe d'intelligence.

Pour savoir si votre enfant est prêt ou non, posez-vous les 7 questions suivantes :

1. Reste-t-il au sec durant au moins deux heures d'affilée au cours de la journée ?

2. Serre-t-il sa couche dans ses mains avant de la mouiller ?

3. Cesse-t-il ses activités durant quelques secondes avant de souiller sa couche ?

4. Peut-il suivre des directives simples ?

5. Comprend-il les mots « pot », « toilette », ou les expressions que vous utilisez à la maison pour parler des fonctions physiologiques ?

6. Est-il capable de baisser sa couche ?

7. Peut-il vous dire qu'il a besoin d'aller aux toilettes ?

Si vous avez répondu par l'affirmative à la plupart de ces questions, votre enfant est probablement prêt. Sinon, passez à un autre chapitre. En voulant commencer trop tôt, vous risquez de retarder l'apprentissage.

ON PLONGE !

Lorsque votre bambin atteint l'âge de 18 mois, procurez-vous un petit pot. Peut-être est-il trop tôt pour qu'il l'emploie, mais, si vous parlez de son usage, vous éviterez les surprises plus tard. Lorsque vous changez la couche de votre enfant, dites-lui ce qu'il a fait et expliquez-lui qu'il se servira du petit pot quand il sera plus grand.

LES ÉTAPES À SUIVRE

Pour que l'apprentissage de la propreté soit une réussite, il faut que tous, y compris les grands-parents, les gardiens et les gardiennes, suivent la même routine. Beaucoup de parents trouvent qu'il est plus simple d'apprendre la propreté à leurs enfants en été. Ceux-ci portent alors moins de vêtements, et ils peuvent les enlever eux-mêmes. Les vêtements d'été étant souvent faciles à laver, les dégâts sont moins pénibles à réparer. Encouragez votre bambin à vous dire qu'il a mouillé ou souillé sa couche. Le « besoin d'aller aux toilettes » se développe ainsi. Montrez à votre enfant à baisser son pantalon et à demander le petit pot.

Par la suite, enseignez à votre bambin à vous avertir s'il a besoin d'aller aux toilettes et assurez-vous que le pot est accessible. Soyez attentif aux indices : arrêt des activités, accroupissement, visage rouge et grimaçant. Dites : « As-tu besoin d'utiliser le petit pot ? » Amenez votre bambin au petit pot lorsqu'il en a clairement besoin, faites-le s'y asseoir le matin avant de l'habiller, le soir avant d'aller au lit et vingt minutes après les repas. Il s'agit ici de tirer parti de besoins physiologiques de base : vingt minutes après avoir mangé, beaucoup d'enfants doivent aller à la selle.

Si on les installe régulièrement sur le pot lorsqu'ils devraient normalement avoir besoin d'uriner, les enfants apprennent à associer la miction volontaire au fait d'être assis à cet endroit-là. Cependant, si, après quelques minutes, ils n'ont toujours pas uriné, ôtez le récipient ; ne les obligez pas à rester assis sur le pot. Les enfants qui associent petit pot avec ennui ou contrainte risquent de ne pas vouloir l'utiliser. Soyez patient. Certains petits maîtrisent la propreté en quelques semaines, mais, le plus souvent, cet apprentissage prend au moins six mois, et les garçons ont besoin de plus de temps que les filles pour le faire.

Vous pouvez aussi bien utiliser un pot qu'un siège de toilette modifié. Si vous optez pour cette dernière solution, mettez un petit marchepied à la disposition de l'enfant. Si vous employez un pot, choisissez-le d'une couleur qui lui plaît. Certains bambins ont peur d'être aspirés en tirant la chasse d'eau. Vous pouvez atténuer cette crainte en invitant votre enfant à agiter la main et à dire « bye-bye » après avoir tiré la chasse. Expliquez-lui qu'il est impossible d'être aspiré dans les toilettes. S'il ne comprend pas, utilisez une maison de poupées pour lui montrer que les poupées ne peuvent être

DE FIL EN AIGUILLE

Beaucoup d'enfants qui réussissent à employer le pot le jour continuent à mouiller leur lit la nuit. Jusqu'à l'âge de sept ans, il est normal que cela se produise de temps en temps. Toutefois, si la situation se répète souvent et si cela sape votre moral et celui de l'enfant, lisez l'idée 5, « L'enfant qui mouille son lit ».

aspirées dans les toilettes. Si le pot est dans la salle de bain, allongez le cordon de la lampe, s'il y a lieu, pour que votre bambin puisse facilement l'allumer. Félicitez-le chaque fois qu'il tente de faire usage du petit pot. Acceptez les « accidents », et évitez de le punir ou de le critiquer. Une fois que l'apprentissage de la propreté est fait, amenez votre enfant au magasin et laissez-lui choisir quelques sous-vêtements de « grandes personnes ».

On peut faire asseoir un enfant sur le pot, mais on ne peut l'obliger à y faire ses besoins.

Dr DANIEL KESSLER,
pédiatre et spécialiste
de l'apprentissage
de la propreté

VOS QUESTIONS, NOS SOLUTIONS

Pourquoi notre fils Jonathan n'utilise-t-il le pot qu'avec sa mère et non avec moi ?

Cela se produit souvent lorsqu'un des parents participe plus que l'autre à l'apprentissage de la propreté, mais il est facile de corriger le tir en demandant à la maman de se retirer graduellement. Au début, soyez tous deux présents lorsque votre fils veut utiliser le petit pot. Après quelques jours, la maman pourra attendre à l'extérieur de la salle de bain, puis quelques jours plus tard, vous irez seul aux toilettes avec votre fils. Si les parents sont séparés, ils faciliteront les choses en suivant tous deux la même routine et en permettant à l'enfant d'employer le même pot dans les deux maisons.

Ma fille Amélie était propre, mais, depuis la naissance de son frère, elle a eu plusieurs « accidents ». Il faut maintenant lui faire porter des couches.

Ne paniquez pas. Les enfants qui se sentent stressés par un gros changement, comme l'arrivée d'un petit frère ou un déménagement, peuvent régresser un peu. Atténuez le stress de votre fille en passant plus de temps avec elle. Faites des activités amusantes et même routinières ensemble, pour qu'elle ne se sente pas mise de côté. Laissez-la porter des couches durant quelques semaines, puis, lorsqu'elle se sentira plus en sécurité, recommencez à lui enseigner la propreté.

03

Les querelles entre frères et sœurs

Les enfants se disputent encore ! Ne pourraient-ils pas vous accorder quelques instants de répit ? Nous croyons que c'est possible, et voici comment y parvenir.

Même si elles vous dérangent sur le coup, les querelles entre enfants font partie de la vie. Bien sûr, l'entente entre frères et sœurs est capitale, puisqu'elle contribue à former les adultes qu'ils deviendront plus tard. Cela dit, en apprenant à résoudre leurs conflits, les petits acquièrent certaines compétences, comme la capacité d'attendre leur tour et de vivre en harmonie avec les autres.

Lorsqu'ils viennent à bout de leurs dissensions, les enfants deviennent plus patients, plus tolérants. Ils apprennent à gérer les contretemps et à accepter des idées différentes des leurs. Vous pouvez réduire la tension et le stress auxquels ils sont exposés en leur montrant à être sociables, ce qui leur sera utile à l'école et avec leurs amis.

Veillez à ce que vos enfants aient un endroit où ranger leurs jouets et leurs livres. Les affichettes « Frapper avant d'entrer » fixées sur les portes des chambres accentuent le sentiment d'appartenance. Lorsque des enfants partagent la même chambre, il faut réserver à chacun un sac à cordonnet, ou encore, de l'espace sur une étagère ou dans la garde-robe pour les jouets et les articles personnels. Nos amis Ian et Christine ont divisé la chambre de leurs enfants à l'aide de tapis et de ruban adhésif de couleurs différentes. Les articles communs sont rangés dans un espace accessible à tous, comme la cuisine ou le salon, mais chacun garde ses jouets personnels à l'endroit qui lui est réservé dans la chambre. Les autres doivent demander la permission avant de prendre un jouet qui ne leur appartient pas.

ON PLONGE !

Commencez tôt. Enseignez à vos enfants à s'arrêter, à écouter, à réfléchir et à faire des choix lorsqu'ils se disputent. Ils doivent arrêter ce qu'ils sont en train de faire, écouter à tour de rôle ce que chacun a à dire, réfléchir aux moyens de résoudre le conflit et choisir ceux qui conviennent aux deux parties. La prochaine fois qu'une dispute sera sur le point d'éclater, enseignez-leur ces notions en leur disant quelque chose comme : « Tu as le droit d'être fâché contre ton frère parce qu'il a déchiré une page de ton livre, mais, dans notre famille, il n'est pas permis de frapper les autres avec une pelle. » Pour éviter d'avoir à prendre position, dites-leur que vous savez qu'ils peuvent arranger les choses eux-mêmes, mais que vous voulez savoir comment ils vont s'y prendre. Lorsque vos enfants sont contrariés ou en colère, aidez-les à trouver des moyens d'exprimer leurs sentiments. Ils peuvent par exemple écraser de la pâte à modeler (voir l'idée 46, « Pour les jours de pluie »), gribouiller sur du papier journal puis le mettre en boule, frapper un oreiller, faire du bruit en tapant du pied ou en battant des mains. Proposez aux plus vieux d'écrire dans un journal ce qu'ils ressentent.

ÉVITER D'INTERVENIR

Les querelles entre frères et sœurs font partie de l'apprentissage des enfants, et vous ne devriez vous en mêler que si l'un d'eux risque d'être blessé. Évitez de prendre parti ou d'essayer d'arranger les choses. En effet, si vous n'étiez pas présent au moment où la querelle s'est déclenchée, vous n'avez pas de vue d'ensemble de la situation. Votre fils, qui semble avoir mis la pagaille, a peut-être été provoqué par sa sœur. Lorsque des enfants se rendent compte que leurs parents restent neutres, ils parviennent à mettre fin à leurs disputes. Réservez un coin de la maison aux querelles, et dites à vos enfants qu'elles ne sont permises qu'à cet endroit.

Les enfants se disputent souvent pour attirer l'attention de leurs parents. C'est ce que veut Julie en se chamaillant avec Alicia, qui, mécontente de voir papa ou maman venir à la rescousse de sa sœur, cherchera elle aussi la bagarre à la première occasion. Il vaut mieux donner de l'attention aux deux fillettes lorsqu'elles se comportent bien. Les parents peuvent aller les retrouver lorsqu'elles ne sont pas en train de se quereller et leur dire quelque chose comme : « C'est gentil d'avoir partagé tes pots de peinture avec Alicia. » Ou encore : « Vous avez bien joué ensemble tout l'après-midi. Nous sommes très contents de vous. » Elles apprendront ainsi qu'elles n'ont pas besoin de se disputer pour attirer l'attention de leurs parents. S'il vous est difficile de ne pas vous mêler des chicanes de vos enfants, retirez-vous dans une autre pièce quand ça commence à barder et faites jouer de la musique pour étouffer leurs cris.

DE FIL EN AIGUILLE

Les enfants doivent savoir ce qu'on attend d'eux. Si vous voulez qu'ils mettent leurs vêtements sales dans le panier à linge avant d'aller au lit, dites-le-leur. Les règles doivent rester les mêmes d'une journée à l'autre, sinon les enfants risquent de s'y perdre et de devenir insupportables. L'idée 37, « Pas chez nous », vous présente des façons de faire participer les enfants à l'établissement et au respect des règles.

DONNER L'EXEMPLE

Enseignez à vos enfants des moyens constructifs de régler les conflits. Si vous prévoyez vous faire rembourser une bouilloire défectueuse, emmenez-les avec vous au magasin. Expliquez-leur comment les choses vont se passer. S'ils vous voient régler un problème avec assurance, ils acquerront des notions importantes. S'ils sont témoins d'une de vos disputes avec votre conjoint, assurez-vous qu'ils vous verront aussi vous réconcilier.

FINI LES COMPARAISONS

« Ta sœur fait la vaisselle, mais pas toi. »

« Pourquoi n'essaies-tu pas de jouer du triangle comme ton frère ? »

Les comparaisons ne servent qu'à dresser frères et sœurs les uns contre les autres. Amenez-les plutôt à collaborer. Établissez des tâches qu'ils feront en équipe, comme ranger les jouets en une demi-heure, au lieu de les mettre en compétition en organisant des concours pour savoir qui sera le premier à avoir fini de mettre de l'ordre dans sa chambre.

> Nos frères et sœurs comptent beaucoup parce qu'ils sont les personnes que nous allons côtoyer le plus longtemps dans notre vie. Nos parents vont sans doute mourir avant nous, et nos amis et notre conjoint ne feront leur apparition que plus tard dans notre vie. Mais nos sœurs vivront à peu près aussi longtemps que nous.
>
> *ERIKA DUNCAN, féministe et romancière*

VOS QUESTIONS, NOS SOLUTIONS

Q

Je suis incapable de m'empêcher de m'interposer lorsque mes enfants se battent entre eux. Je ne peux les laisser faire, au cas où ils se blesseraient.

R

En effet, vous devez adopter une politique de « tolérance zéro » à l'égard de la violence. Les parents doivent s'entendre sur les façons de punir les comportements violents, et les enfants doivent connaître les punitions qu'ils pourront recevoir. Jetez un coup d'œil sur l'idée 18, « Les méfaits des enfants », pour en savoir plus sur la manière d'appliquer des punitions. En général, si vos enfants se disputent et que vous craignez d'en voir un se blesser, intervenez calmement pour les séparer, puis retirez-vous. Évitez de crier ou de participer à la dispute. Intervenez parce que les enfants ont désobéi à une règle, et non pour prendre parti ou pour régler la querelle.

Q

Je trouve difficile de traiter mes deux enfants de la même façon, parce qu'ils sont très différents l'un de l'autre, et je crois qu'ils se rendent très bien compte de la situation.

R

Ne vous en faites pas. Il est impossible de traiter tous les enfants exactement de la même manière. Vous devez leur accorder des responsabilités et des privilèges différents selon leur âge, leur sexe et leur personnalité. Passez du temps avec chacun individuellement. Évitez de vous sentir coupable si vous n'aimez pas vos enfants également. L'amour est un sentiment qui ne se commande pas. Chaque petit a ses traits de caractère et ses intérêts. Concentrez-vous sur ceux-ci et faites comprendre à chacun de vos bambins qu'il est un être unique.

Il n'y a que deux choses qu'un enfant partagera de son plein gré : une maladie infectieuse et l'âge de sa mère.

D BENJAMIN SPOCK, *pédiatre et spécialiste de l'éducation des enfants*

04

Un congé

Qui viendra garder vos enfants ce soir ? Les confierez-vous à une gardienne qui prendra ses aises ? Vous coûtera-t-elle plus cher que votre sortie ? Vous avez deux options : ne jamais sortir ou lire ce qui suit.

Si vous avez plusieurs gardiennes, tant mieux. Certains parents ont successivement recours aux services de différents membres d'une même famille et réussissent ainsi à nouer des relations étroites avec ceux-ci.

Malheureusement, cela n'arrive pas souvent. La plupart des parents ont recours aux services des mêmes gardiennes que leurs amis, ce qui les empêche de sortir en même temps qu'eux, ou se voient contraints de faire confiance à une adolescente et de ne jamais pouvoir vraiment profiter de leur sortie.

UNE ADOLESCENTE COMME GARDIENNE

Vous savez pourquoi les adolescentes gardent les enfants : pour se la couler douce tout en étant payées. Certaines ont des compétences de base en matière de soins à donner aux enfants, mais d'autres ne savent aucunement comment s'y prendre. Pour faciliter un peu les choses, présentez vos enfants à votre gardienne. Expliquez-lui la routine à respecter à l'heure du coucher, laissez-lui la liste des numéros des personnes avec qui elle peut communiquer et respectez l'heure à laquelle vous avez dit que vous reviendriez à la maison.

Vous pouvez aussi lui proposer des jeux qui calmeront les enfants (jetez un coup d'œil sur l'idée 1, « Organiser une fête d'enfants »), au cas où vos petits seraient agités. N'oubliez pas que vous êtes l'employeur de votre gardienne : encouragez-la à adopter un comportement mature. Pour ce faire, rédigez un contrat stipulant les règles à respecter au sujet de l'utilisation du téléphone, de la présence d'un petit ami, de l'heure de coucher des enfants et du tarif horaire. Les services d'une gardienne ne devraient pas vous coûter plus cher que votre loyer. Vous pouvez aussi lui proposer des échanges de services : elle garde vos enfants et vous lui donnez des leçons de conduite automobile.

UN CLUB DE GARDIENNAGE

La formule des clubs de gardiennage n'engage aucune dépense. Les parents s'échangent des heures de garde à partir d'un système de jetons. Eh oui : des personnes d'expérience, c'est-à-dire d'autres parents, gardent vos enfants gratuitement !

ON PLONGE !

Au lieu de perdre un temps précieux à appeler toutes vos gardiennes pour savoir laquelle est libre ou à leur laisser des messages dans leur boîte vocale, préparez une liste de diffusion (courriels) ou encouragez-les à vous transmettre chaque semaine par courriel leurs disponibilités.

Pour mettre sur pied un tel club, il faut réunir au moins quatre familles du quartier. Gardez en tête que, si vous vous en tenez aux gens que vous aimez bien, vous aurez moins de latitude lorsque vous voudrez sortir avec eux, puisqu'ils seront occupés à garder. Procurez-vous de la monnaie de plastique (qui est impossible à photocopier) et remettez une dizaine de jetons à chaque famille. Votre club de gardiennage est maintenant prêt à fonctionner ! Vous voulez sortir en fin de semaine ? Vous téléphonez aux parents de votre club et vous vous entendez avec ceux qui peuvent garder vos enfants. Cette formule peut aussi servir en d'autres occasions que le soir. Bien sûr, vous pouvez traîner vos rejetons au magasin, chez le coiffeur ou le dentiste, mais pourquoi vous donner cette peine ?

Nous vous suggérons d'échanger un jeton par heure de garde avant minuit, et deux jetons par la suite. Certains clubs ont des systèmes un peu plus complexes et demandent un tarif plus élevé dans les occasions spéciales, comme la veille du jour de l'An. Certains imposent des amendes, par exemple un jeton par tranche de vingt minutes, lorsque les parents reviennent plus tard que prévu. Cependant, nous trouvons cette façon de faire mesquine et croyons qu'elle met les gens sur la défensive.

Les clubs de gardiennage ne fonctionnent que si tous les parents jouent le jeu équitablement, en donnant autant de jetons qu'ils en reçoivent. Si certains commencent à se sentir exploités, par exemple si des parents offrent de l'argent au lieu des jetons, l'entreprise est vouée à l'échec. Les meilleurs clubs réunissent des parents aux valeurs similaires, qui finissent par se lier d'amitié et par établir un réseau social allant au-delà de l'objectif de base.

Vous n'avez plus de jetons ? Téléphonez aux parents de votre club et offrez-leur de faire du ménage, du repassage ou n'importe quel autre petit travail légal, et comme Cendrillon vous pourrez aller au bal.

UNE GRANDE IDÉE

Si vos parents vivent près de chez vous, il est normal que vous vous tourniez vers eux pour faire garder vos enfants. Cependant, à la longue, eux aussi pourraient se montrer réticents. Si vos parents aiment garder, pourquoi ne pas leur demander de faire partie de votre club ? Comme ils n'ont pas d'enfants à faire garder, ils pourraient échanger leurs jetons contre des services : bricolage, jardinage, repassage. Une fois le club organisé, vous constaterez que la plupart des grands-parents cherchent bien davantage à passer du temps avec vos enfants qu'à faire de l'argent avec vous.

À VOTRE TOUR DE GARDER

Un jour, nous gardions les enfants de collègues de travail. Les plus jeunes étaient déjà au lit à notre arrivée. Lorsque Kate, âgée de trois ans, s'est réveillée en pleurant, elle voulait sa maman. Elle a été horrifiée de se retrouver face à deux personnes étrangères. Elle a fini par se calmer, mais nous avons pris la résolution de toujours voir les enfants avant qu'ils aillent au lit. Bien entendu, nous vous recommandons aussi de demander aux parents un numéro où les joindre en cas d'urgence.

« Les enfants ont une énorme influence sur votre relation. Si vous ne passez pas de temps avec votre conjoint ou si vous en venez à ne pouvoir que vous écraser le soir devant la télé, vous finirez par vous sentir rejetée et pleine de rancœur. Votre conjoint et vous devez passer du temps ensemble, en dehors de la maison. Une sortie et une bouteille de vin pourraient vous aider à vous sentir encore indispensable et aimée. »

DENISE KNOWLES, mère de trois enfants, conseillère en relations interpersonnelles, thérapeute familiale et rédactrice d'un courrier du cœur

VOS QUESTIONS, NOS SOLUTIONS

Q **Nous avons la même gardienne depuis un an. Samedi dernier, à notre retour à la maison, elle était saoule – son premier petit ami venait de la quitter. Devrions-nous considérer ce geste comme un fait isolé et faire de nouveau appel à ses services ou la mettre à la porte ?**

R Ne faites plus appel à elle. Remerciez-la pour les services qu'elle vous a rendus par le passé et cherchez quelqu'un d'autre. Le bien-être de vos enfants compte davantage que les sentiments d'une gardienne.

Q **Même si nous sortons dans les environs, il faut toujours que l'un de nous s'abstienne de boire un verre, et nous devons revenir tôt à la maison pour ramener la gardienne chez elle. Avez-vous des suggestions à nous faire à ce sujet ?**

R L'option bon marché : laissez votre gardienne coucher chez vous et allez la reconduire le lendemain matin. L'option de luxe : payez-lui un taxi qui la ramènera chez elle.

Q **Nous venons de mettre sur pied un club de gardiennage, mais personne ne veut sortir, par peur de gaspiller des jetons. À l'aide !**

R Quand les jetons se font rares, tout le monde veut les garder en réserve. Pourquoi ne pas remettre à chaque membre six jetons de plus ou inviter des grands-parents à faire partie de votre club (lisez l'idée 12, « Les grands-parents : aide ou nuisance ? »).

05

L'enfant qui mouille son lit

L'énurésie est un problème humiliant, pénible pour vos enfants, pour vous-même... et pour votre laveuse. Ne vous contentez pas de rêver de nuits sans pipi et agissez. Voici ce qu'il vous faut faire pour réussir.

Les experts distinguent 2 types d'incontinence urinaire (ou énurésie) :

1. l'énurésie nocturne primaire, qui désigne les cas où les enfants ont toujours mouillé leur lit la nuit ;

2. l'énurésie nocturne secondaire, qui désigne les cas où les enfants recommencent à mouiller leur lit après un arrêt d'au moins six mois.

L'énurésie n'est considérée comme un problème que chez les enfants de cinq ans ou plus. En effet, avant cet âge, les petits sont incapables de contrôler leur muscle vésical.

L'énurésie est un problème marquant pour ceux qui en sont atteints. Les autres enfants de la famille sont parfois impitoyables à l'égard d'un frère ou d'une sœur qui mouille son lit. Le sentiment de honte peut entraîner une anxiété qui devient insupportable à l'heure du coucher. Les enfants craignent que les élèves de leur école ou les membres de leur groupe de guides ou de louveteaux découvrent leur secret. Ce problème survient beaucoup plus souvent chez les garçons que chez les filles. Cela dit, il s'agit d'un problème courant, qui se règle la plupart du temps avant la puberté.

Bien sûr, vous vous demandez si votre enfant réussira un jour à perdre cette habitude. Vous avez essayé toutes sortes de trucs, comme limiter ce qu'il boit ou lui faire penser d'aller aux toilettes avant d'aller se coucher, ou encore, le féliciter lorsqu'il ne mouille pas son lit. Mais que faire quand rien de tout cela ne fonctionne ?

UNE ÉTOILE

Les calendriers sur lesquels les petits collent une étoile lorsqu'ils ne mouillent pas leur lit donnent de bons résultats avec de jeunes enfants. Ces calendriers doivent être assez gros, pour qu'on puisse dessiner ou coller une étoile dans la case correspondant à chaque journée. Ils ne devraient servir qu'à cela, et non être utilisés pour noter les occupations de tous les membres de la famille. Certains enfants aiment garder leur calendrier près de leur lit. Chaque fois que le petit aura accumulé 10 étoiles, il pourra les échanger contre une récompense (voir l'idée 17, « Les récompenses »). Le fait d'avoir un objectif stimule grandement les enfants.

UN « PIPI-STOP »

Certains dispositifs permettent aux enfants de se réveiller pour aller aux toilettes avant de mouiller leur lit. Les petits portent ces articles sous leur pyjama ou leur t-shirt. Deux capteurs d'humidité sont reliés à un circuit électrique, qui fait retentir une sonnerie dès que l'enfant commence à uriner. Celui-ci doit se lever, aller aux toilettes et remettre des vêtements secs s'il y a lieu. Pour l'encourager, offrez-lui une lampe de chevet ou une lampe de poche, qui l'aidera à se rendre aux toilettes au milieu de la nuit. La persévérance est la clé du succès. Il faut parfois jusqu'à douze semaines à un enfant pour apprendre à sentir que sa vessie est pleine et qu'il doit se réveiller pour aller aux toilettes.

LE SUR-APPRENTISSAGE

Grâce à son « pipi-stop », votre enfant se lève et va aux toilettes. C'est formidable, mais, s'il cesse immédiatement d'utiliser ce dispositif, il risque de recommencer à mouiller son lit. Il doit alors faire du sur-apprentissage : il boira un ou deux verres d'eau avant d'aller se coucher, pour apprendre à ne pas mouiller son lit même lorsque sa vessie est pleine. Vous comprenez l'idée ? Bien. Une fois cette étape franchie, vous pourrez cesser d'utiliser le « pipi-stop » deux fois par semaine, disons le mercredi et le samedi. Après avoir passé quelques semaines sans mouiller son lit, l'enfant pourra se servir de son « pipi-stop » seulement une nuit sur deux, puis deux fois par semaine durant au moins un mois.

ON PLONGE !

La prochaine fois que votre enfant mouillera son lit, demandez-lui de vous aider à laver ses draps. Il ne s'agit pas là d'une punition. Au contraire, l'enfant aura ainsi l'impression de participer à la solution du problème. Par la même occasion, il s'initiera aux tâches ménagères. D'après notre expérience, les enfants aiment mieux aider leurs parents à faire le lavage que de se sentir coupables en les regardant le faire pour eux.

Peu après mon arrivée à St. Cyprian, j'ai recommencé à mouiller mon lit. J'avais alors huit ans, et j'avais perdu l'habitude de mouiller mon lit depuis au moins quatre ans. Je crois que, maintenant, l'énurésie est acceptée dans de telles circonstances. Il s'agit d'une réaction normale chez les enfants qui changent de maison et qui se retrouvent dans un endroit inconnu. Cependant, à cette époque, mouiller son lit était considéré comme un crime dégoûtant, qu'on punissait en battant l'enfant pour tenter de le guérir de cette habitude.

GEORGE ORWELL

DES MÉDICAMENTS À LA RESCOUSSE

L'hormone antidiurétique, ou vasopressine, est produite par l'organisme ; elle sert à concentrer l'urine et à empêcher la vessie de trop se remplir. Un analogue synthétique est vendu sous forme de vaporisateur nasal ; on peut le prescrire aux enfants pour ralentir leur production d'urine.

DE FIL EN AIGUILLE

Les enfants qui mouillent leur lit se sentent coupables. Ce problème mine leur confiance en eux, et beaucoup en viennent à avoir de mauvais résultats scolaires ou de la difficulté à se faire des amis. Lisez l'idée 35, « Une bonne estime de soi ».

Même si vous en avez assez de la quantité de lessive qu'entraîne le problème d'énurésie, dites-vous que votre enfant ne fait pas exprès pour vous rendre la vie difficile. Vous devez dissiper le sentiment de culpabilité ou de honte qu'il éprouve devant ce problème ; à la place, faites preuve d'optimisme à l'idée qu'il finira par réussir à ne plus mouiller son lit.

D^re CAROLYN WEBSTER-STRATTON,
pédopsychologue et spécialiste de
l'éducation des enfants

VOS QUESTIONS, NOS SOLUTIONS

Q **Adam, notre fils de quatre ans, mouille son lit environ une fois par mois. Cela l'embarrasse beaucoup. Que pouvons-nous faire ?**

R Il semble être encore trop jeune pour toujours contrôler sa vessie. Ce genre d'accident occasionnel se produit fréquemment chez les enfants de cet âge. Les choses vont probablement se régler toutes seules. Si Adam se rend compte que ce problème ne vous ennuie pas trop, il sera moins embarrassé.

Q **Mon mari mouillait son lit lorsqu'il était enfant et, maintenant, notre fils a aussi ce problème. Est-ce héréditaire ?**

R Environ 75 % des enfants qui souffrent d'énurésie ont des parents qui ont eu ce problème. Votre fils cessera probablement de mouiller son lit au même âge que son père.

Q **Pourquoi ma fille de huit ans mouille-t-elle son lit à la maison, mais pas chez ses amies ? Le fait-elle exprès ?**

R Non, elle ne le fait pas exprès. Cela peut être difficile à croire, puisqu'elle semble capable de se retenir lorsque c'est important pour elle. Selon nous, lorsqu'elle va chez des amies, elle craint tellement de mouiller son lit qu'elle ne réussit pas à dormir aussi profondément qu'à la maison. Quand elle est inquiète et qu'elle dort mal, elle risque moins d'avoir des « accidents ». Essayez d'utiliser un « pipi-stop ».

06

Éteindre la télé

Vous voulez des enfants en santé, heureux et capables de faire preuve d'assurance? Vous en avez assez de les entendre vous réclamer de nouveaux jouets qu'ils mettent de côté après cinq minutes? La solution est simple : il vous suffit d'appuyer sur un bouton.

Quel est le plus beau cadeau que vous puissiez offrir à vos enfants? La réponse la plus courante à cette question ne surprendra personne : du temps. Le temps est devenu un luxe.

Les journées semblent trop courtes pour permettre aux enfants de faire leurs devoirs, de s'adonner à des activités parascolaires, d'apprendre le piano ou le ballet, d'aller aux entraînements de soccer, de faire partie des louveteaux, de jouer avec leurs amis, de jaser avec leurs parents, d'être présents aux repas, de s'amuser en famille ou d'écouter une histoire avant de s'endormir. La télé a pris le relais ; elle captive nos enfants environ quatre heures par jour. Sur une période de dix ans, les enfants passent plus de 14 560 heures, ou un an et huit mois, devant un appareil électrique. Si vous ne nous croyez pas, prenez la peine de calculer vous-même le nombre d'heures que passent vos jeunes devant le petit écran. Si vous jugez qu'ils méritent de mieux utiliser près de deux années de leur enfance, il est temps de vous défaire de votre télé.

La télé a des effets nocifs sur la santé physique et mentale des enfants. Les bambins qui y sont accros apprennent à parler environ un an plus tard que leurs amis. La durée d'attention diminue chez les enfants qui regardent la télé durant plus de deux heures par jour. Leur mémoire s'affaiblit, et ils risquent de faire des montagnes avec des riens puisqu'ils baignent constamment dans la fiction. Léthargie, lenteur et manque de créativité caractérisent les enfants qui passent leur vie à regarder un appareil lorsqu'ils ne sont pas à l'école ou en train de dormir.

MAIS C'EST ÉDUCATIF !

Si c'était vrai, les enfants qui regardent le plus la télé seraient ceux qui ont les meilleures notes à l'école. La télé transmet des opinions. L'éducation permet aux enfants d'acquérir des compétences, de comprendre et d'utiliser de l'information provenant de différentes sources. Nous vous proposons de remplacer la télé par des visites à la ferme, aux galeries d'art, au musée, au zoo. Vous pouvez aussi inscrire vos enfants à des ateliers d'art dramatique et leur laisser le temps de s'amuser pour stimuler leur imagination.

> **ON PLONGE !**
>
> Éteignez la télé durant une semaine. Si vous craignez que votre famille vous oppose de la résistance, enlevez le fusible et dites que l'appareil est brisé. Cependant, si vous avez installé des télés dans toutes les chambres et dans la cuisine, vous devrez trouver une autre excuse… À la fin de la semaine, réunissez les membres de la famille et demandez à chacun de nommer les émissions qui leur ont vraiment manqué. La plupart des gens qui font cette expérience sont tellement contents d'avoir du temps libre qu'ils décident de se défaire de leur télé.

Bien sûr, vous pourriez décider de ne faire écouter à vos enfants que de bonnes émissions éducatives. Mais combien de temps votre famille tiendra-t-elle le coup avant de se retrouver à bayer aux corneilles devant les inepties que tout le monde regarde ? Cela dit, les effets d'un bon film au cinéma ou sur DVD sont similaires à ceux de la lecture. En effet, ce genre d'activités permet aux petits comme aux grands d'enrichir leurs expériences.

DE FIL EN AIGUILLE

Vous vous êtes défait de votre télé ? Vos enfants se demandent comment s'occuper durant quatre heures de plus par jour ? Lisez l'idée 52, « Pour occuper la fin de semaine » ou l'idée 46, « Pour les jours de pluie ».

Des recherches ont démontré que la télé a les effets négatifs suivants sur la santé : violence et agressivité, problèmes sexuels, piètres résultats scolaires, mauvaise image de soi, nutrition déficiente, obésité, toxicomanie et mauvais traitements.

AMERICAN ACADEMY OF PEDIATRICS – article sur les enfants et la télévision

VOS QUESTIONS, NOS SOLUTIONS

Q

Je n'ai plus de télé, mais, lorsque je vais chez ma sœur pour que mes enfants jouent avec leurs cousins, la leur est toujours allumée. C'est vraiment agaçant. Que puis-je faire ?

R

Soyez directe et dites quelque chose comme : « Nous sommes venus pour vous voir, et non pour voir la télé. Peux-tu l'éteindre ? » Si ça ne fonctionne pas, attendez l'émission favorite de votre sœur pour lui faire part des derniers potins. Vous pourriez aussi, au lieu d'aller chez elle, organiser des activités spéciales, comme la rencontrer à la piscine ou à la patinoire.

Q **Je me suis défait de ma télé, mais les enfants s'ennuient à mourir. À l'aide !**

R Fantastique ! L'ennui, ça motive les enfants à faire ou à créer quelque chose qui leur fait plaisir. Comme vos petits se sont habitués à écouter la télé, l'ennui est un sentiment nouveau pour eux, et ils ne savent pas encore quoi faire pour s'amuser. Cependant, d'après notre expérience, les enfants qui n'ont plus de télé ne s'ennuient pas longtemps. Si vous leur fournissez des objets, leur laissez un peu de liberté et exploitez leur sens des responsabilités, ils trouveront leurs propres réponses à la question : « Qu'est-ce qu'on peut faire maintenant ? » Dans quelques semaines, ils seront plus curieux et inventifs que jamais.

Q **Nous avons vendu la télé, mais nos enfants sont furieux. Ils économisent leur argent de poche pour s'acheter un nouvel appareil.**

R Bart Simpson a dit à ses parents : « C'est difficile de ne pas écouter la télé : elle passe beaucoup plus de temps à nous élever que vous ne l'avez fait. » Il vous faut peut-être prendre le temps de discuter de votre décision avec vos enfants. Pourquoi ne pas leur faire lire ce chapitre et les laisser nous faire porter le blâme ?

07

Une halte-garderie à la rescousse

Vous avez besoin de deux salaires pour payer l'hypothèque ? Vous ne pouvez vous résoudre à rester à la maison jour et nuit ? Vous avez besoin d'une halte-garderie.

Pour bien des couples et des chefs de famille monoparentale, l'option de rester à la maison pour s'occuper des enfants est impossible à envisager. Loyers et hypothèques, factures et nécessités de la vie courante, tout augmente sans cesse, et de moins en moins de parents peuvent rester à la maison à temps plein. Même lorsque c'est possible, de plus en plus de femmes hésitent à abandonner une carrière et une formation auxquelles elles ont consacré bien des efforts.

Beaucoup de nos amis affirment avoir de la difficulté à trouver des personnes compétentes pour s'occuper de leurs enfants lorsqu'ils sont au travail. Une bonne halte-garderie vaut son pesant d'or et peut faire une énorme différence dans la qualité de vie de vos enfants.

Que vous soyez à la recherche d'une personne qui gardera vos enfants depuis le moment où vous partez travailler le matin jusqu'à votre retour le soir ou simplement d'une personne qui les conduira à la maternelle ou à l'école, lisez ces quelques conseils qui vous faciliteront les choses.

LA RECHERCHE

Cela vaut la peine de consacrer du temps à la recherche de la perle rare en la matière. Ce n'est pas parce que Pénélope a une halte-garderie immatriculée qu'elle est la bonne personne pour vos enfants ou pour vous. Il est essentiel que le courant passe entre vous. Pourrez-vous vous entendre ? Réussirez-vous à résoudre les conflits ? Ses idées sur la façon d'élever les enfants correspondent-elles aux vôtres ? Il faut aussi penser aux aspects pratiques, comme la facilité de garer votre voiture chez elle à l'heure de pointe. Sera-t-elle prête à garder votre petit de deux ans en soirée si vous êtes retenue au bureau ? Pouvez-vous vous entendre sur un tarif qui lui conviendra sans que vous ayez à prendre une deuxième hypothèque ?

Nous vous suggérons de préparer avec minutie votre chasse à la halte-garderie idéale. Dénichez le plus de haltes-garderies possible dans votre quartier. De cette façon, vous éviterez par exemple de laisser votre jeune végétarien aux mains de la femme d'un boucher. Préparez un questionnaire en y incluant des questions sur la personnalité de la responsable de la halte-garderie, sur les rapports qu'elle aura avec votre enfant, sur la façon dont réagiront les membres de sa famille devant l'intrus qui entrera dans leur vie, ainsi que sur les jouets, les activités et les installations mis à la disposition de l'enfant. Certaines haltes-garderies fonctionnent comme de petites maternelles où

ON PLONGE !

Il se peut que vous connaissiez une mère ayant une passion évidente pour ses enfants et pour les vôtres. Elle vous semble être la personne idéale pour avoir une halte-garderie, mais l'idée ne lui est pas encore venue d'en mettre une sur pied ou elle est réticente devant tous les formulaires qu'il faut remplir pour faire immatriculer ce genre d'entreprise. Si le projet l'intéresse, pourquoi ne pas l'aider à effectuer les démarches nécessaires ? Vous pourriez faire les demandes avec elle ou la mettre en contact avec les personnes appropriées. Cela vous demandera du temps et de l'énergie, mais vous aurez l'esprit en paix lorsque cet ange gardien s'occupera de vos rejetons.

les enfants peuvent s'exercer à faire de la cuisine, de la peinture et des bricolages de toutes sortes, mais il existe aussi des endroits où les enfants passent la journée devant la télé, jusqu'au retour de leurs parents. Plus vous visiterez de haltes-garderies, plus vous aurez de chances de trouver celle qui répond le mieux à vos besoins.

DE FIL EN AIGUILLE

Vos enfants donnent du fil à retordre à leur gardienne ? Jetez un coup d'œil sur l'idée 16, « Qui aime bien châtie bien », et sur l'idée 18, « Les méfaits des enfants », pour trouver des moyens de vous sortir de l'impasse.

VÉRIFIER CE QUI SE PASSE

Il est essentiel d'entretenir de bonnes relations avec les responsables des haltes-garderies. Vous devez rapidement relever les problèmes et déterminer les points positifs pour régler les difficultés dès le début et montrer votre assentiment lorsque tout est à l'avenant. Vous devez aussi écouter et observer vos enfants. Sabrina, qui a trois ans, a commencé à être maussade et à mouiller sa culotte lorsqu'elle était à la halte-garderie. Ses parents ne comprenaient pas ce qui se passait, puisqu'elle était propre depuis l'âge de quinze mois. Ils ont fini par s'apercevoir que Sabrina était la seule enfant de la halte-garderie, que la personne responsable la laissait seule et passait son temps dans la cuisine à fumer et à boire du café avec d'autres mères dont les enfants allaient à l'école. Sabrina avait découvert, en mouillant sa culotte, un merveilleux moyen d'attirer l'attention de sa gardienne.

VÉRIFIER COMMENT LES CHOSES ÉVOLUENT

La relation entre votre enfant et sa gardienne doit être dynamique. La situation peut changer. Nous connaissons des gardiennes qui étaient heureuses de s'occuper d'enfants d'âge préscolaire : ceux-ci étaient des compagnons de jeu pour leurs propres petits. Les mêmes mères sont devenues réticentes à garder des enfants lorsque leurs benjamins ont commencé à fréquenter l'école. D'autres sont merveilleuses avec des bébés, mais peu habiles avec des bambins de quatre ans. Il faut rencontrer les gardiennes régulièrement, disons une fois par trimestre, pour voir comment les choses évoluent.

UN CONTRAT À RESPECTER

Établissez un contrat avec la responsable de la halte-garderie en y indiquant tous les détails pertinents : frais supplémentaires en cas de retard, numéro de téléphone cellulaire pour vous joindre en cas d'urgence. Indiquez précisément l'heure à laquelle vous laisserez vos enfants et l'heure à laquelle vous reviendrez les chercher, ainsi que le mode et les dates de paiement. Respectez votre part du contrat, même en cas d'insatisfaction. Il n'est pas facile de s'occuper des enfants des autres ; il faut valoriser les personnes compétentes qui accomplissent cette tâche essentielle. Faites les choses comme il faut, et vous vous sentirez bien plus heureuse d'aller travailler.

VOS QUESTIONS, NOS SOLUTIONS

Q **Depuis quelque temps, lorsque je vais chercher ma fille à la halte-garderie, elle fond en larmes dès qu'elle m'aperçoit pour me montrer à quel point elle déteste cet endroit. Le fils de la gardienne est parfois assez brusque avec elle, mais, au dire de la gardienne, ma fille pleure pour rien. Pourtant, j'ai tendance à croire mon enfant. Dans l'ensemble, c'est une bonne halte-garderie. Que devrais-je faire ?**

R Voilà une question difficile. D'un côté, les enfants ont souvent tendance à se chamailler entre eux, et cet « apprentissage » aidera votre fille à faire face à ce qui se passera à la maternelle et à l'école. Par contre, si elle sent que sa gardienne et vous ne tenez pas compte de sa détresse, elle aura l'impression que vous ne la prenez pas au sérieux. Nous vous suggérons de vérifier avec la personne responsable s'il y a véritablement un problème et, le cas échéant, de trouver avec elle une façon de le régler. Si elle ne veut rien savoir, il serait peut-être préférable de trouver une autre halte-garderie.

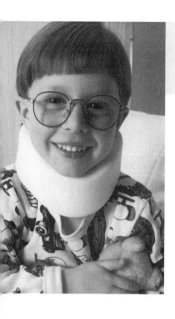

08

Une maison sûre

La vie est dure pour nos bambins. En organisant notre maison pour qu'elle soit à l'épreuve des prouesses de nos petits, nous leur donnons la possibilité d'explorer leur environnement en toute liberté et en toute sécurité. Dans un tel contexte, ils auront davantage confiance en nous et en eux-mêmes.

Tous les parents savent que les bambins sont des créatures fouineuses, peu conscientes du danger, constamment à la recherche de nouveaux lieux à explorer. Les jeunes enfants sont aussi des êtres impatients et têtus. Ces caractéristiques peuvent être dangereuses lorsqu'elles sont associées à une nature curieuse.

Aucun parent ne peut surveiller son enfant en tout temps. Il faut donc user de certaines stratégies pour réduire les risques que le petit court lorsque notre attention est momentanément détournée.

VOIR LE MONDE AVEC DES YEUX D'ENFANT

Certains ouvrages sur l'éducation conseillent aux parents de faire le tour des pièces de la maison en s'accroupissant comme s'ils avaient la taille de leur enfant. Nous croyons plutôt que vous devriez vous mettre à la place de votre enfant. Par exemple, si vous avez une belle bibliothèque où vous rangez livres et bibelots, dites-vous bien que ce n'est pas ce que votre enfant voit. Ce qu'il voit, c'est une échelle. Que faire ? Ne tentez pas de rendre la bibliothèque sécuritaire. Pensez plutôt à en faire une échelle sécuritaire. Les tablettes peuvent-elles supporter le poids de votre bambin ? Pouvez-vous fixer la bibliothèque au mur ? Un enfant de trois ans la fera-t-il tomber s'il grimpe dessus ?

D'après notre expérience, les parents veillent à rendre les chambres de leurs bambins sécuritaires, en éloignant les lits des fenêtres et des rideaux et en installant des loquets aux fenêtres. Cela ne suffit pas : il faut aussi faire le tour du reste de la maison et installer des dispositifs de sécurité, comme des cache-prises de courant, sur les prises qui sont à la portée des enfants mais aussi sur celles qu'ils peuvent atteindre en grimpant sur un meuble.

La salle de bain

Pour éviter les accidents dans la salle de bain, installez des tapis antidérapants ; ôtez la serrure et remplacez-la par un simple crochet et une bande élastique ; rangez les médicaments dans une armoire verrouillée, hors de la portée des enfants ; et utilisez un thermomètre pour vérifier la température de l'eau avant de faire entrer votre enfant dans la baignoire.

ON PLONGE !

Avant d'acheter une barrière de sécurité, mettez-la à l'essai avec votre enfant au magasin. Certains modèles peuvent sembler sécuritaires, mais les bambins débrouillards réussissent à les ouvrir. En plus de poser des barrières de sécurité au haut et au bas des escaliers, vous pouvez en installer à l'entrée d'une pièce particulière, comme votre bureau ou votre atelier, pour en interdire l'accès à votre petit explorateur.

La cuisine

Avez-vous installé des loquets pour empêcher les enfants d'ouvrir les portes d'armoires et les tiroirs, particulièrement ceux où vous rangez les articles pointus ? Il est en général facile de ranger les agents de blanchiment et les produits de nettoyage hors de la portée des enfants, mais il n'est pas si évident de camoufler les longs cordons des appareils électriques. Repliez-les pour les raccourcir, puis attachez-les avec une bande élastique. Au lieu de mettre une nappe sur la table, installez-y un dessus antidérapant. Votre bambin risquera moins de le tirer et de faire tomber sur sa tête tout ce qu'il y a sur la table. En outre, votre meuble sera protégé au cours des séances de dessin et de bricolage.

> ### DE FIL EN AIGUILLE
>
> Inutile de crier contre un petit pour lui apprendre à éviter les dangers qui l'entourent. Lisez plutôt l'idée 16, « Qui aime bien châtie bien », qui vous explique comment montrer à votre enfant à bien se comporter.

Le salon

Vous connaissez les protecteurs souples qui servent à recouvrir les coins des meubles ? Nous ne les aimons pas. Il est souvent difficile de les mettre en place, et les jeunes enfants sont parfois tentés de les mâchouiller. Nous ne vous demandons pas de vous défaire de votre table à café aux coins pointus, mais nous vous conseillons de recouvrir ces derniers d'emballage à bulles ou d'isolant pour tuyaux et de ruban-cache jusqu'à ce que votre petit explorateur ait grandi. Si vous possédez une table au rebord acéré, couvrez-la d'une housse de couette plutôt que d'une nappe. Vos amis riront peut-être de vos goûts en matière de décoration, mais vos enfants n'auront jamais de bleus sur le front.

Notre amie Petra a un magnifique mimosa, que son jeune fils trouve bien appétissant. Les jeunes enfants peuvent aussi considérer comme de savoureux goûters la terre et les roches décoratives qui sont à la base des plantes en pot. Vérifiez si vos plantes d'intérieur sont toxiques et sachez que, même si elles ne le sont pas, elles comportent parfois des aiguilles ou de petites feuilles avec lesquelles un bambin peut s'étouffer.

Essayez d'aménager la pièce en laissant au moins deux voies libres, pour que votre bambin puisse s'y déplacer facilement et en toute sécurité. Par ailleurs, gardez à l'esprit que les enfants d'une même famille sont différents les uns des autres. Olivier ne s'est peut-être pas intéressé à vos figurines Royal Doulton, mais les choses pourraient se passer autrement avec Sarah. Mettez les vases, les antiquités, les objets de collection et les autres articles fragiles ou ayant une valeur sentimentale hors de la portée des enfants jusqu'à ce qu'ils aient compris le sens du mot « non » et qu'ils aient une bonne coordination. Encore une fois, repliez les cordons électriques, surtout ceux des lampes de table. Bien des bambins trouvent qu'il est amusant de faire tomber ces dernières...

Surveillez également les lampes sur pied, que les enfants peuvent faire tomber, ainsi que les fenêtres, les bibelots et les plateaux des tables en verre, qu'ils peuvent fracasser. Même si les lampes de bureau sont trop légères pour blesser un enfant, leurs ampoules, en éclatant en morceaux, peuvent couper ses petits pieds, ainsi que les mains de la personne qui ramasse les fragments.

La capacité de concilier le besoin d'être autonome et capable de faire certaines choses par lui-même avec le désir d'être aimé et protégé par ses parents est la plus belle réussite d'un bambin sur le plan affectif.

ALICIA F. LIEBERMAN, psychologue

Le garage

Les garages et les remises regorgent de dangers pour vos bambins. Herbicides, pots de peinture entamés, outils électriques, pinces, scies, plombs, grillages et tondeuses à gazon peuvent causer de graves problèmes s'ils se retrouvent entre les mauvaises mains. Organisez-vous pour que le garage et la remise soient inaccessibles aux enfants. Vous pouvez profiter de votre nouvel aménagement pour faire le ménage et vous défaire des articles inutiles. Procurez-vous des boîtes de rangement – à l'épreuve des bambins – pour tout classer. Cela permettra à vos petits de s'amuser en toute sécurité.

VOS QUESTIONS, NOS SOLUTIONS

Q **Nous avons installé des loquets sur toutes nos portes d'armoires, mais ma femme insiste pour que je range les produits de nettoyage dans les armoires du haut. Ne s'en fait-elle pas trop ?**

R Votre femme a raison. Il n'existe pas encore de loquets qui soient complètement à l'épreuve des enfants. Ceux-ci finissent toujours par ouvrir les portes défendues.

Q **Comment puis-je savoir si mon enfant de trois ans est assez vieux pour dormir dans un lit ordinaire sans tomber ?**

R Vérifiez s'il est capable de monter dans le lit et d'en descendre facilement. Laissez-lui faire une sieste dans le lit durant la journée, alors que vous pouvez le surveiller. S'il ne tombe pas et ne roule pas près du bord, il n'a sans doute plus besoin de dormir dans un lit à barreaux.

09

Quand est-ce qu'on arrive ?

Les longs voyages en voiture avec les enfants vous mettent-ils les nerfs en boule ? Avec un peu de préparation, toute la famille peut profiter de ces moments au lieu de les subir. Plutôt que de redouter ces périples, vous en viendrez à apprécier les heures que vous passerez ainsi avec vos enfants.

Au contraire des voyages en train, en avion ou même en traversier, les déplacements en voiture font habituellement partie de la routine des enfants et manquent donc d'attrait. Ajoutez à cela le fait que les bambins doivent être attachés et que leur visibilité est limitée, et vous comprendrez pourquoi autant d'enfants détestent ce mode de transport dès que les trajets sont un peu longs. Pourtant, les voyages en voiture peuvent devenir des aventures palpitantes.

Faites participer vos enfants à la préparation du voyage. Dites-leur que vous allez apporter des CD d'Annie Brocoli et faites-leur choisir ceux qu'ils préfèrent. Et pourquoi ne pas laisser chacun préparer sa collation ? Les tout-petits peuvent prendre un petit jouet ou un livre. Quant aux plus vieux, ils peuvent tracer la carte de la route et agir à tour de rôle comme copilotes en cherchant les panneaux routiers et le nom des endroits où vous passez. Demandez à chacun d'aller aux toilettes avant le départ ainsi qu'aux haltes prévues, de manière à éviter des arrêts inutiles. Apportez un petit pot pour les plus jeunes.

UN PEU DE MUSIQUE

Tout le monde aime la musique ; malheureusement, tous n'apprécient pas la même. Vous estimez que la musique de Wagner est céleste et vous aimeriez l'écouter durant les trois heures du voyage ? Votre jeune adepte du heavy metal pourrait la trouver emmerdante. Faites des compromis : laissez chacun se glisser dans la peau d'un DJ. Ainsi, tous pourront jouir de leur musique préférée durant un temps fixé d'avance, par exemple vingt minutes.

Une autre idée : accordez à chaque passager une demi-heure pour faire jouer des extraits de ses musiciens favoris et pour donner de brèves explications sur ceux-ci. Vous pouvez aussi jouer à « La fureur » en faisant deviner le titre d'une chanson dont vous fredonnerez les premières paroles. La personne qui saura de quelle pièce il s'agit pourra à son tour fredonner une chanson, et ainsi de suite. Chanter est la meilleure façon de passer le temps en voiture, mais ne vous en tenez pas aux morceaux déjà connus. Encouragez vos enfants à se lancer dans des chants en canon ; il faut un certain temps pour apprendre à chanter à plusieurs voix, mais c'est fort amusant. Et qui sait ? Peut-être deviendrez-vous le fondateur d'un chœur gospel ou d'un quatuor vocal !

> **ON PLONGE !**
>
> Si le temps le permet, pourquoi ne pas prévoir un pique-nique au cours d'un des arrêts ? C'est bon pour vous et pour les enfants, et il y aura moins de nourriture éparpillée dans la voiture.

DES JEUX ET DES DIVERTISSEMENTS

Ne craignez rien, nous ne vous parlerons ni de casse-tête ni d'échiquiers miniatures. Nos jeux ne comportent pas de pièces qui vont rouler sous les sièges. Avant votre départ, préparez des cartes de bingo à l'aide de votre ordinateur. Remplacez les chiffres par des mots ou des dessins représentant des choses que vos enfants courent la chance de voir en cours de route : un troupeau de moutons, une station-service, une voiture de couleur mauve, des noms de villes. Le degré de difficulté du jeu doit être plus grand pour les plus vieux. En ce qui concerne les tout-petits, vous pouvez découper des images dans des magazines.

DE FIL EN AIGUILLE

Les aliments que nous vous proposons plaisent à la plupart des enfants. Vos petits se plaignent ou sont difficiles ? Ne laissez pas ce problème ruiner votre voyage. Jetez un coup d'œil sur l'idée 22, « Le plaisir de manger » ; vous constaterez que les techniques utiles à table conviennent tout aussi bien en auto.

Vous pouvez aussi demander à chacun des membres de votre famille de parler d'un sujet précis durant soixante secondes, sans hésiter, ni se répéter, ni dévier du propos. Accordez un point à la personne qui relèvera le défi avec succès. Celle-ci tirera ensuite au hasard un autre sujet dans un sac de papier.

En voiture, il est également agréable de raconter de longues histoires. Commencez par « Un jour, ma famille est partie en voyage… », puis chacun, à tour de rôle, ajoutera une phrase à l'histoire. Voyez qui saura garder son sérieux le plus longtemps. Si vous prévoyez un arrêt assez long, apportez quelques morceaux de carton de la taille d'une carte postale. Pour occuper les enfants, demandez-leur de dessiner leurs propres cartes postales, qu'ils pourront envoyer à leurs amis lorsque vous aurez atteint votre destination. Pour remplacer la colle, qui est assez salissante, utilisez des autocollants et des crayons de couleur. Prévoyez aussi des jeux tranquilles, comme l'écoute d'un livre audio, pour éviter que la famille entière ne soit épuisée à l'arrivée.

QUELS ALIMENTS APPORTER ?

Le chocolat fond. Les bonbons sont salissants. Les croustilles donnent soif. Alors, quels aliments faut-il apporter en auto ? Des cubes de fromage, des roulés à la saucisse, de petits pains garnis de beurre d'arachide ou de chocolat à tartiner, des bâtonnets de carottes, des morceaux de concombre, des raisins sans pépins, des morceaux d'ananas, des fruits des champs, des fruits séchés et du jus. Ces aliments populaires sont rarement refusés. Remettez à chaque enfant sa propre bouteille de jus. Ainsi, il y aura moins de dégâts.

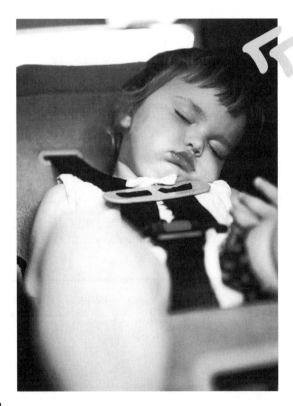

Dans la vie, tout se passe ailleurs, et il faut y aller en voiture.

ELWYN BROOKS WHITE,
essayiste et humoriste
américaine

VOS QUESTIONS, NOS SOLUTIONS

Q   **Pourquoi ne faut-il qu'une minute à mes enfants pour se désintéresser de nos jeux en voiture et pour se mettre à se disputer?**

R   On dirait qu'ils s'ennuient. Dans un tel cas, les enfants se chamaillent. La prochaine fois que vous partirez en voiture avec eux, changez de jeu dès que vous vous apercevrez que celui auquel ils s'adonnent commence à les ennuyer. Vous pouvez aussi faire un arrêt pour permettre à tout le monde de se calmer. La meilleure tactique consiste souvent à distraire les enfants. Si les disputes reviennent souvent, relisez l'idée 3, « Les querelles entre frères et sœurs ».

Q   **Pourquoi mes enfants ne s'intéressent-ils pas aux livres audio?**

R   Les enfants peuvent avoir de la difficulté à se concentrer sur tout un livre audio. Essayez de faire jouer l'enregistrement par courtes tranches, par exemple de dix ou quinze minutes, puis discutez avec eux de ce qu'ils viennent d'écouter. Demandez-leur quel est leur personnage préféré et ce qui, d'après eux, va maintenant se passer. Alimentez le suspense entre les séances d'écoute.

Q   **Nos enfants deviennent surexcités et hyperactifs en voiture. Que pouvons-nous faire pour les aider à se calmer?**

R   Les jeunes enfants dorment souvent en voiture, mais pas les plus vieux. Si l'heure d'aller au lit approche ou si les enfants sont trop excités, jouez à la statue. Tout le monde doit rester aussi tranquille que possible. Celui qui le demeure le plus longtemps gagne un petit cadeau. Pour avoir d'autres idées de jeux tranquilles, consultez l'idée 15, « Des jeux pour tout le monde ».

10
Une histoire avant d'aller au lit

La lecture cultive l'intelligence. Les enfants dont les parents lisent réussissent mieux que les autres. C'est pourtant un investissement mineur : vingt petites minutes par jour rapportent gros.

Faites la lecture à vos enfants : ils auront plus de facilité à se concentrer, ils resteront attentifs plus longtemps, ils seront plus autonomes. De plus, ils auront une imagination plus fertile, de meilleures aptitudes en écriture et en expression orale, et un plus grand éventail de choix et de possibilités s'offrira à eux plus tard.

Le goût de la lecture est le plus bel héritage que vous puissiez léguer à vos enfants. Rien n'égale la lecture pour développer l'imagination et accroître le vocabulaire, qui sont les composantes de base de la pensée et de la communication. Les livres redonnent vie à des époques et à des mondes passés et à venir, autrement inaccessibles. En lisant chaque jour des histoires à vos enfants, vous les aidez non seulement à acquérir des compétences en lecture et en écriture, mais aussi à renforcer leurs liens affectifs et à bâtir des relations en toute confiance.

PRÊCHER PAR L'EXEMPLE

Comme vous le savez, vos gestes ont plus d'influence sur vos enfants que vos paroles. Il ne vous sert à rien d'insister sur les vertus de la lecture et les merveilles de la littérature si vos petits vous voient toujours vous avachir devant la télé jusqu'à ce que vous tombiez de sommeil. En revanche, si vous possédez une multitude de livres que vous avez lus et relus, vos enfants se donneront la peine d'explorer votre bibliothèque.

Il se peut que votre fille préfère les livres d'aventures aux contes de fées ; pour le découvrir, elle doit lire. Vous voulez acheter des bouquins, mais votre budget est trop serré ? Certains organismes de bienfaisance vendent des livres pour enfants à des prix encore plus bas que les librairies d'occasion. Surveillez aussi les lots de livres offerts au cours de ventes aux enchères en ligne. Enfin, encouragez parents et amis à remplacer leurs présents en argent par des chèques-cadeaux que vos enfants pourront échanger contre des livres.

IL N'EST JAMAIS TROP TÔT POUR COMMENCER

Il peut sembler idiot de lire des livres à un bébé, mais l'est-ce vraiment ? Bien que le poupon ne comprenne pas les mots, il saisit rapidement « l'idée », c'est-à-dire le fait que papa et maman lui consacrent du temps et de l'attention. Rien n'est plus merveilleux que la musique sortant de la bouche d'une maman. Même si les mots, l'intonation, la syntaxe et la grammaire ne semblent être que des sons à cette étape, le nourrisson traite tout ce qu'il entend et est ainsi favorisé dès le début de sa vie.

> ### ON PLONGE !
>
> Pourquoi ne pas acheter le livre qui a inspiré un film que votre famille a aimé ? Un film ne renferme qu'une fraction de l'intrigue d'un livre ; ce dernier est donc un moyen formidable de prolonger le plaisir du long métrage. Souvent aussi, le fait de parcourir un bouquin pousse l'enfant à lire d'autres histoires du même auteur. Ainsi, la lecture de *La mystérieuse Mademoiselle C* pourrait préparer les jeunes à découvrir l'œuvre de Dominique Demers.

LES BAMBINS ET LA LECTURE

Aménagez, à l'intention de vos bambins, un petit coin lecture agrémenté de coussins confortables et d'un bon éclairage. Si vous associez la lecture à un objet qui est cher à votre enfant, comme une doudou, vous le gagnerez à votre cause. Les tout-petits devraient participer au choix de leurs livres. Ils ne pourront résister à ceux qui ont des textures inhabituelles, des couleurs vives, ou qui font toutes sortes de bruits lorsqu'ils y touchent. Les couvertures en plastique et à l'épreuve de l'eau font le bonheur des petits à l'heure du bain ; ils plairont aussi aux bébés, qui font leurs dents en les mâchouillant. Lorsque vous faites la lecture à votre bambin, rendez l'histoire vivante en produisant des sons, en prenant une voix amusante et en encourageant votre enfant à vous imiter, à tourner les pages et à expliquer l'histoire dans ses propres mots.

LES ENFANTS D'ÂGE PRÉSCOLAIRE

Inscrivez votre enfant à la bibliothèque du quartier et passez-y l'après-midi avec lui pour examiner tous les rayons. Montrez-lui comment il faut prendre les livres sur les étagères, mais laissez-le choisir ses bouquins. Faites de vos sorties à la bibliothèque une habitude ; retournez-y au moins une fois toutes les trois semaines et participez à des activités spéciales, comme « l'heure du conte » ou les rencontres avec des auteurs de livres pour enfants.

DE FIL EN AIGUILLE

Certains enfants affirment qu'ils n'ont pas le temps de lire autre chose que leurs manuels scolaires. Pourtant, la plupart d'entre eux passent plus de vingt heures par semaine devant la télé. C'est ce qui se passe chez vous ? Lisez l'idée 6, « Éteindre la télé ».

Il y a plus de trésors dans les livres que dans tous les coffres des pirates. Mieux encore, on peut profiter chaque jour de ces richesses.

WALT DISNEY

LES PLUS GRANDS

De grâce, n'arrêtez pas de faire la lecture à vos enfants dès qu'ils ont appris à lire. Essayez de consacrer du temps à la lecture aussi longtemps que possible et évitez, durant cette période de vingt minutes, de faire des remarques sur les tâches ménagères et les devoirs à terminer. Inutile de limiter la lecture aux livres et aux récits. Les bandes dessinées, les livres documentaires et même les magazines font l'affaire. Si vous lisez ce qui intéresse vos rejetons, vous vivrez avec eux de bons moments de réflexion et de discussion.

Quand on apprend à lire, on ne s'ennuie jamais et on n'est jamais ennuyeux.

PAULINE QUIRKE,
actrice et mère
de deux enfants

VOS QUESTIONS, NOS SOLUTIONS

Q **Notre aînée ne veut plus lire à haute voix. Que puis-je faire pour l'y encourager ?**

R Continuez de faire la lecture à vos autres enfants. Sans la harceler, faites-lui comprendre que la période de lecture est obligatoire. Cela dit, il n'y a rien de mal à lire en silence. Vous pourriez aussi lire les mêmes bouquins que votre fille, puis en discuter avec elle.

Q **Léa, ma fillette de trois ans, veut que je lui lise la même histoire chaque soir. Ça me rend folle. Pourtant, nous avons bien d'autres livres intéressants pour elle. Avez-vous une idée quant à ce que je devrais faire ?**

R Certains enfants agissent de cette façon, et cela peut être très déplaisant. Ce comportement est lié au développement normal du langage. Si vous ne pouvez supporter une énième lecture des *Trois petits cochons,* enregistrez l'histoire pour qu'elle puisse l'écouter à cœur de journée. Elle finira sans doute par s'en lasser et par vous demander autre chose. Il se peut toutefois que vous ayez à appuyer bien des fois sur la touche « rembobinage »...

Q **Simon, mon fils de quatre ans, est incapable de rester tranquille pendant que je lui fais la lecture. À l'aide !**

R Laissez-le bouger ou caresser son petit chien (lisez l'idée 28, « Les animaux de compagnie »). Vous pourriez aussi choisir des livres aux histoires ou aux chapitres courts pour l'habituer graduellement à se concentrer davantage.

Q La section pour enfants de la bibliothèque de notre quartier est assez limitée, et mon fils de neuf ans en a lu tous les livres. Nous n'avons pas les moyens d'acheter des livres neufs.

R C'est formidable, un lecteur aussi vorace ! Certains bibliothécaires acceptent de commander des livres d'autres bibliothèques. Il peut y avoir des frais, mais cela vous coûtera moins cher que d'acheter des livres neufs. Vous pourriez amasser un peu d'argent en revendant les bouquins auxquels votre fils ne s'intéresse plus. S'il y a une bibliothèque à son école, ceux qui y travaillent pourraient vous faire des suggestions. Parfois, les parents peuvent s'inscrire à une bibliothèque proche de leur lieu de travail ; si c'est votre cas, votre fils pourrait y emprunter des livres en votre nom. Avez-vous des proches qui vivent dans une autre ville et avec qui vous pourriez faire le même type d'arrangement ? Par ailleurs, il est toujours possible de publier une annonce dans le journal de l'école, à l'intention des enfants désireux de participer à des échanges de livres.

Les enfants ont besoin de croire à des puissances extérieures. Voilà pourquoi ils aiment tant les livres de sorcières, de magiciens et de génies de tout genre.

SEBASTIAN FAULKS,
écrivain et père de trois enfants

11

Dompter les accès de colère

Nous sommes désolés pour vous, mais les accès de colère de vos enfants pourraient être dus à votre façon de vous comporter avec eux. À la moindre erreur de votre part, ils apprennent à contrôler et à manipuler les autres. Pouvez-vous contribuer à la solution ? Bien sûr !

Les enfants qui donnent des coups et qui crient en public pour obtenir ce qu'ils veulent peuvent nous faire sortir de nos gonds. Voilà pourquoi nous cédons aussi souvent aux caprices de nos rejetons. Cependant, en agissant ainsi, nous leur montrons que leurs accès de colère donnent des résultats. Les enfants n'oublient pas ce genre de choses, et leurs comportements peuvent empirer avec le temps.

Il existe des moyens d'atténuer les accès de colère de nos enfants tout en veillant à la sécurité de ces derniers et à celle d'autrui.

NAVIGUER EN EAUX CALMES

Quel avantage votre enfant tire-t-il de ses crises de colère ? Il obtient ce qu'il veut. Vous devez donc changer votre façon de réagir, de manière à l'empêcher d'obtenir ce qu'il veut. La plupart des enfants se servent des accès de colère pour pouvoir en faire à leur tête. Si vous dites non 16 fois à votre fille qui désire un jouet trop cher, mais que vous lui dites oui la 17e fois, elle apprendra qu'elle a le pouvoir de transformer votre refus en acceptation.

Ne cédez pas aux crises de colère de votre enfant. La première fois que vous lui dites non, fournissez-lui une courte explication : « Non, tu ne peux pas avoir de mousse au chocolat si tu ne termines pas ton assiette. »

Les enfants sont persévérants. Ils continueront d'essayer d'obtenir ce qu'ils veulent, surtout si leurs tentatives précédentes ont réussi. Beaucoup font des colères « monstres » si une colère « ordinaire » ne donne pas de résultats. Si vous cédez à une colère monstre, vous serez dans le pétrin, car vous aurez appris à votre enfant que sa persévérance rapporte gros.

Les bambins peuvent piquer des crises lorsqu'ils se sentent frustrés parce qu'ils sont incapables de faire une chose. Offrez-leur des choix pour les aider à se sentir moins impuissants. Si vous avez décidé de servir de la soupe au dîner, proposez un choix à votre enfant : soupe aux tomates ou au poulet. Cependant, ne lui demandez pas s'il veut de la soupe pour le dîner, à moins d'être en mesure d'accepter un « non » de sa part.

ON PLONGE !

Apprenez à endiguer les accès de rage de votre enfant ; ils se produiront alors moins souvent. En général, les enfants se mettent en colère lorsqu'ils sont fatigués, affamés ou surexcités. Notez à quel moment de la journée se produisent les crises, ainsi que ce qui semble les provoquer. Si vous remarquez des constantes, modifiez la routine et consignez le tout dans un journal pour vérifier s'il y a des changements de comportement. Si vous ne remarquez aucune constante, notez l'heure des repas, des siestes et du coucher pour la nuit, puis observez à quel moment ont lieu les crises. Il est possible, par exemple, que votre enfant se mette en colère avant le dîner, au moment où son taux de sucre sanguin est faible, ce qui le rend irritable. Vous pourriez régler le problème en lui donnant une banane comme collation durant la matinée ou en préparant le dîner une heure plus tôt.

EN PLEINE TEMPÊTE

Avant de parler à votre enfant, prenez de bonnes inspirations et préparez votre plan de bataille. Il est impossible de raisonner un enfant qui est hors de lui. Accroupissez-vous pour pouvoir le regarder dans les yeux et dites-lui qu'il a le droit d'être fâché, mais non de faire du mal aux autres. Même si sa réaction vous met en colère ou vous embarrasse, essayez de parler calmement, car vous ne ferez qu'empirer les choses en criant, en le giflant ou en l'empoignant brusquement. Dites à votre enfant qu'il ne doit pas se laisser dominer par la colère. Expliquez-lui que vous voulez assurer sa sécurité. S'il vous donne des coups, dites-lui que vous allez le tenir jusqu'à ce qu'il se calme pour que personne d'autre ne soit blessé.

Les enfants sont généralement très effrayés lorsqu'ils sont hors d'eux-mêmes; le fait de prendre le vôtre dans vos bras peut le rassurer et le consoler. Lorsque votre enfant se sera calmé, amenez-le dans un endroit tranquille pour qu'il puisse reprendre son sang-froid. À la maison, sa chambre peut convenir; si vous êtes dans un centre commercial, rendez-vous aux toilettes ou à l'auto avec lui.

APRÈS LA TEMPÊTE

Les enfants sont souvent bouleversés et peu sûrs d'eux après un accès de colère. Ils ont besoin de temps pour mettre de l'ordre dans leurs pensées. Beaucoup sont incapables d'expliquer ou même de comprendre ce qui s'est passé. Analysez chacune des émotions ressenties pendant l'accès : à la colère s'ajoute nécessairement au moins une autre émotion. Si vous réussissez à

> **DE FIL EN AIGUILLE**
>
> Lisez l'idée 36, « Gérer le stress ». Même les jeunes enfants peuvent apprendre à reconnaître ce qui les met en colère et ce qu'ils peuvent faire pour ne pas succomber à des accès de rage.

aider votre enfant à vivre ses émotions, il aura moins besoin de se mettre en colère. Par exemple, il se peut qu'un enfant frustré veuille simplement que vous lui montriez comment s'y prendre pour atteindre l'étagère des jouets.

Il est épuisant de s'occuper des accès de colère d'un enfant. On dit que le calme vient après la tempête, mais, pour vous détendre, vous aurez peut-être besoin de vous retirer. Pourquoi ne pas vous relaxer dans un bain ou sortir marcher ?

« Les enfants agissent en fonction de vos réactions ; si la douceur ne fonctionne pas, ils se mettent en mode pleurnichage ; si cela ne fonctionne pas non plus, ils commencent à hurler ; si vous les disputez pour les calmer, ils considéreront qu'ils ont gagné la partie et recommenceront. L'enfant restera tranquille si vous ne succombez pas à sa colère ; dans le cas inverse, il sera intraitable. »

RALPH WALDO EMERSON

VOS QUESTIONS, NOS SOLUTIONS

Q Je ne laisse plus mon fils en faire à sa tête, mais l'autre jour, au super-marché, il s'est mis à crier à tue-tête pour avoir une tablette de chocolat. Ses hurlements m'ont tellement gênée que je lui en ai acheté une. De quelle autre façon aurais-je pu réagir ?

R Tout le monde a des mauvaises journées. Ne vous souciez plus de cette expérience et recommencez à neuf. Il est aussi difficile pour les enfants d'oublier leurs accès de colère qu'il l'est pour les parents de modifier leur façon d'y réagir.

Q J'essaie de faire preuve de fermeté avec mes enfants et de ne pas toujours leur donner ce qu'ils veulent, mais mon mari leur cède quand ils crient, car il n'aime pas les entendre faire du bruit.

R Il faut que les deux parents soient au diapason, sinon leurs enfants vont tirer profit de la situation. Jetez un coup d'œil sur l'idée 19, « Être sur la même longueur d'onde », pour en savoir plus. Si cela ne persuade pas votre conjoint, continuez d'agir comme vous le faites. Les enfants se conduiront mieux avec vous qu'avec lui, et cela finira sans doute par le convaincre de changer sa façon de faire.

12

Les grands-parents : aide ou nuisance ?

Trouvez des points positifs même chez les plus malcommodes. Souvent, les grands-parents sont des amis avisés, des modèles de comportement, des historiens pour la famille, des entraîneurs sportifs et des gardiens qui ne coûtent rien.

Tout est dans l'attitude. Enfin, presque tout. Nous vous exposerons le cas de Guy et Henriette, qui ont deux fils adultes, heureux en ménage semble-t-il. Pourtant, les deux familles reçoivent les grands-parents d'une façon tout à fait différente.

Voici les explications d'Henriette : «L'atmosphère est toujours tendue lorsque nous allons chez Johanne et Jocelyn. Bien sûr, ils restent polis, et des tiers ne remarqueraient rien d'anormal. Toutefois, quand nous offrons nos services pour garder leurs enfants, ils refusent systématiquement. Johanne fait des commentaires déplaisants, que nos petits-enfants répètent. Nous avons toujours l'impression qu'ils sont contents de nous voir partir et qu'ils sont satisfaits d'avoir rempli leur devoir. Lorsque nous leur envoyons des cadeaux d'anniversaire, ils ne nous remercient jamais.

« Quant à Denis et Alice, ils semblent heureux de nous voir. Ils nous font participer à leur vie, nous invitent aux spectacles scolaires des enfants, à leurs activités sportives, etc. Nous passons énormément de temps avec eux. Ils sont vraiment contents lorsque nous leur proposons de garder leurs enfants. Ils nous les confient même certaines fins de semaine, comme lorsqu'ils sont allés à Québec il y a trois semaines. »

Denis et Alice semblent avoir trouvé des solutions gagnantes pour les trois générations. Ainsi, ils demandent aux grands-parents s'ils peuvent garder les petits une fin de semaine de temps en temps. Il s'agit d'un geste beaucoup plus gratuit que de les inviter à partir en vacances avec eux en se disant qu'ils leur seront redevables et qu'ils leur offriront ensuite de garder les enfants tous les soirs.

ON PLONGE !

Pour encourager vos enfants à découvrir l'histoire de leur famille, demandez aux grands-parents de photocopier lettres, bulletins scolaires, certificats, photos et attestations de mariage. Les documents originaux seront ainsi protégés, et personne n'aura à s'inquiéter si de petites mains abîment les photocopies. À l'occasion de leur prochaine visite, les grands-parents pourront monter avec leurs petits-enfants un album qui permettra de garder en mémoire des histoires importantes et de partager toutes sortes de traditions culturelles et religieuses.

En grandissant, les enfants auront la chance de peaufiner l'album et de rencontrer d'autres membres de la famille, qu'ils interrogeront sur leur vie, leurs souvenirs, leurs espoirs, leurs rêves et leurs regrets. Les plus vieux enregistreront ces entrevues sur bande vidéo en y incluant des pièces musicales de l'époque de leurs grands-parents. Un autre enfant pourrait jouer le rôle de « bibliothécaire de la famille » : il photographiera et cataloguera les souvenirs de famille et notera les dates où ces objets ont été acquis. Il pourra aussi joindre à l'ensemble une courte histoire des propriétaires précédents.

BÂTIR UN PONT ENTRE LES GÉNÉRATIONS

Les grands-parents ont toute une vie à raconter. Ils peuvent se servir de bien des moyens pour intéresser leurs petits-enfants à l'histoire de leur famille. Ainsi, il est amusant d'évoquer des souvenirs à l'aide d'un livre de cuisine regroupant les plats préférés des enfants et les recettes transmises d'une génération à l'autre. La tante de Peter, Gunnel, possède un livre de recettes qui appartient à sa famille depuis plus de cent ans. Elle dit que sa propre grand-mère l'utilisait et elle se donne la peine de préparer les mêmes plats à ses petits-enfants.

DES ÉCHANGES INTERGÉNÉRATIONNELS

Les grands-parents, qui ne sont pas quotidiennement bombardés par les présents que votre progéniture fait à la main, savent habituellement les apprécier. Vous vous demandez que faire du pot à fleurs en terre ou du cochonnet en papier mâché que votre enfant a fabriqué à l'école ? Donnez-le à mamie. Si vous cherchez un cadeau original pour grand-papa, aidez vos enfants à fabriquer, sur un tableau d'affichage, un arbre généalogique de la famille avec photos et noms. Vous savez que la meilleure façon d'apprendre, c'est par l'expérience. Les grands-parents sont des professeurs enthousiastes qui, comme les préadolescents, s'adonnent non pas à des loisirs mais à des passions. Laissez-les vivre avec vos enfants certaines expériences pour lesquelles vous n'avez ni temps ni intérêt : la pêche, le tricot, le développement de photos, les collections de timbres, la danse folklorique.

DE FIL EN AIGUILLE

Lorsque les grands-parents vivent loin de leurs petits-enfants, les rencontres s'espacent parfois, et il peut être difficile d'entretenir la relation. Si vous êtes dans cette situation, mettez en pratique certaines des suggestions que vous propose l'idée 42, « Parents à temps partiel ».

La raison pour laquelle grands-parents et petits-enfants s'entendent aussi bien ? Ils ont un ennemi commun.

SAM LEVENSON,
comédien, auteur
de Sex and the
Single Child

Pour aider jeunes et grands-parents à entretenir des liens, incitez-les à s'envoyer des courriels et des photos numériques. Si les grands-parents ne sont pas des pros de l'informatique, prévoyez chaque semaine du temps pour des échanges téléphoniques.

DES SECRETS DE FAMILLE

Malgré votre ouverture d'esprit, il est possible que vos enfants ne veuillent pas aborder certains sujets avec vous. Des jeunes de notre entourage, qui avaient de la difficulté à s'entendre avec leurs parents, ont vu les choses s'améliorer énormément grâce aux conseils de leurs grands-parents. Ces derniers sont ceux qui connaissent le mieux les êtres difficiles que sont les parents. Inconsciemment, les petits-enfants donnent ainsi à leurs parents la chance immense de régler des problèmes passés ; en effet, parents et grands-parents réussissent parfois à se réconcilier grâce à l'admiration et à l'amour qu'ils éprouvent pour ces petits êtres.

Les grands-parents jouent un rôle unique auprès des jeunes enfants. Ils leur font en quelque sorte voir la vie en rose.

ALEX HALEY, écrivain

VOS QUESTIONS, NOS SOLUTIONS

Nous nous entendons bien avec les parents de ma femme, mais pas avec les miens. Avez-vous des suggestions pour nous aider à améliorer la situation?

Pourquoi ne pas organiser une réunion de famille (voir l'idée 29, « À l'ordre ! ») pour tenter de trouver des solutions? Vos idées seront plus efficaces que les nôtres, étant donné que nous ne connaissons pas vos parents. Concentrez-vous sur les activités que vous faites ensemble et sur les façons d'aider vos parents à se sentir valorisés. Vous pourriez par exemple acheter certains jeux et jouets que vous laisseriez chez eux. Si vos enfants s'amusent quand ils vont chez leurs grands-parents, ils seront plus enclins à vouloir y retourner.

Mes parents vivent à l'étranger. J'ai besoin d'un moyen concret d'aider mes enfants à rester en contact avec eux.

Parlez à vos parents du « jardinage à distance ». Voici comment ça fonctionne : lorsqu'ils planteront des fleurs, ils enverront quelques graines à vos enfants, qui les sèmeront à leur tour. Ensuite, ces derniers feront parvenir à leurs grands-parents des photos des plants, en expliquant comment les choses se sont passées. Il est aisé d'organiser ce type d'échange, même si vous vivez dans un immeuble à logements. En effet, dans un tel cas, vos enfants peuvent utiliser des jardinières, qu'ils installeront sur le balcon ou sur un appui de fenêtre.

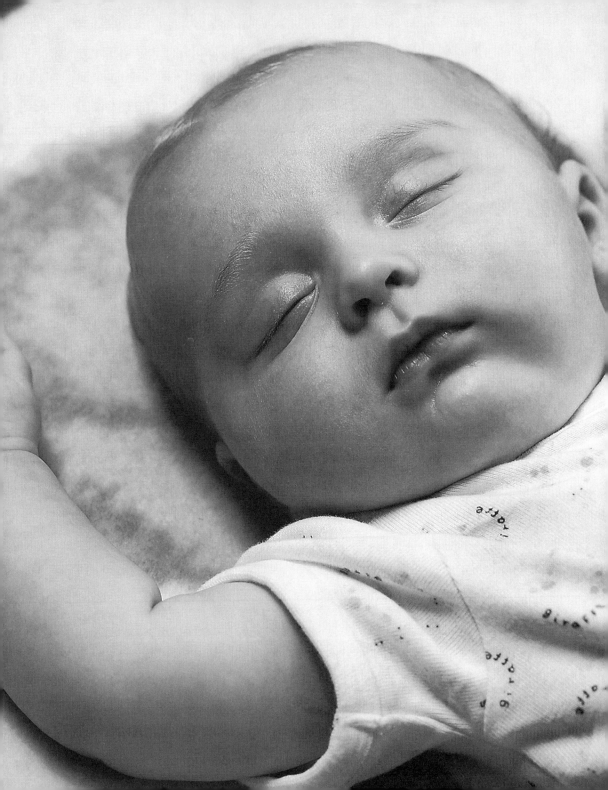

13

L'heure du dodo

Vos rejetons ont certainement plein de trucs pour retarder l'heure d'aller au lit. Même s'ils ont déjà souvent crié victoire, vous pouvez maintenant vous montrer plus malin qu'eux grâce à notre formidable plan de bataille.

Le sommeil a une importance primordiale. Les enfants qui ne se reposent pas assez sapent le moral de toute la famille. Comme certains problèmes de sommeil semblent insurmontables, vous vous résignez à écourter vos nuits. Avez-vous cogné des clous au cours de votre dernière rencontre d'évaluation avec le directeur de votre entreprise ? Si c'est le cas, il vous faut passer à l'action.

Vous pouvez améliorer les choses en établissant une routine que vous suivrez scrupuleusement à l'heure du coucher, ainsi que des stratégies qui vous aideront à faire face aux enfants qui se lèvent et pleurent aux petites heures de la nuit. Les enfants qui dorment bien réussissent mieux à l'école que ceux qui manquent de sommeil, ont moins souvent le rhume, sont plus créatifs et moins irritables.

LE SOMMEIL EN 7 ÉTAPES

Vous commencez à bâiller ? Vous avez envie de sauter cette section ? Sachez qu'en appliquant la routine suivante vous pourriez éliminer la plupart des problèmes de sommeil de vos enfants. Même si cette approche vous semble trop belle pour être vraie ou trop radicale, mettez-la à l'essai durant une semaine.

1. Lorsque l'heure d'aller au lit approche, dites-le aux enfants. Faites-le-leur savoir une heure avant, puis une demi-heure avant. Le truc, c'est de leur en faire part avec un ton neutre, au lieu de leur donner l'impression qu'il s'agit d'une punition ou d'une menace. Soyez aussi désinvolte que si vous leur disiez que l'heure de se mettre à table approche.

2. Dans le cas des tout-petits, faites retentir une sonnerie ou la minuterie de la cuisinière.

3. Vous savez à quel point il est difficile de s'endormir après une activité intense. Pour les préadolescents, c'est presque impossible. Vos enfants devraient donc s'adonner à des activités tranquilles durant l'heure qui précède le coucher.

4. La dernière demi-heure devrait être consacrée aux préparatifs nécessaires pour que vos enfants se mettent au lit : bain, brossage des dents, pyjama.

5. Lorsqu'ils sont au lit, lisez-leur une comptine ou chantez-leur une berceuse. Les rythmes répétitifs ont des effets apaisants.

6. Assurez-vous que vos enfants ont leur doudou et leur jouet préféré à leurs côtés.

7. Embrassez-les et expliquez-leur que vous les verrez le lendemain matin. Puis, éteignez la lumière.

LES ENFANTS QUI PLEURENT LA NUIT

Le fait de ne pas vous occuper de votre petit s'il pleure la nuit est une source de stress pour lui et pour vous. Allez donc voir de quoi il retourne, mais, dès que vous savez pourquoi il pleure et que vous avez réglé le problème, quittez sa chambre. Évitez de le coucher avec vous. Certains parents pensent que leurs enfants pleurent pour avoir de l'attention. Si ces derniers passent suffisamment de temps avec leurs parents le jour, cela se produit rarement. En encourageant chez vos bambins un bon comportement au moment d'aller au lit, vous réduirez les risques qu'ils pleurent pour obtenir de l'attention.

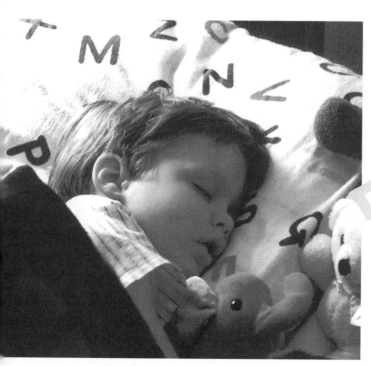

ON PLONGE !

Bien des enfants se lèvent tôt. Si vous voulez, à l'occasion, rester plus longtemps au lit, aménagez différents circuits entre leurs chambres et la vôtre. Chaque enfant suivra son propre trajet, ponctué de jouets, de jeux, de casse-tête, de mots croisés, de livres, de collations et de boissons. Si vous savez comment vous y prendre, vos enfants mettront une bonne heure à faire leurs circuits. Pour les stimuler, offrez-leur des récompenses, surtout s'ils ont réussi à résoudre quelques énigmes ou devinettes en cours de route.

Les gens qui disent dormir comme des bébés n'ont généralement pas d'enfant.

LEO J. BURKE,
éducateur

LES ENFANTS QUI SE LÈVENT LA NUIT

Si votre petit se lève la nuit, allez le recoucher. Ça semble simple, mais ça ne l'est pas. Les enfants invoquent de multiples raisons pour se lever: ils ont faim ou soif, ont fait un cauchemar ou ont peur des monstres. Si vous les réconfortez avec des câlins et des conversations, vous les amènerez à croire qu'il est profitable de se lever la nuit. Alors, ne succombez pas; félicitez-les plutôt s'ils retournent au lit sans faire d'histoires. N'allongez pas indûment vos propos, car les longues conversations peuvent encourager les enfants à continuer de se lever la nuit. Si votre petit se lève régulièrement, expliquez-lui, à l'étape 7 de la démarche décrite dans les pages précédentes, qu'il doit rester dans son lit s'il se réveille.

DE FIL EN AIGUILLE

Vous avez épuisé votre banque de comptines et de berceuses? Il est peut-être temps de commencer à intégrer la lecture à votre routine. Consultez l'idée 10, « Une histoire avant d'aller au lit ».

LES HORREURS DE LA NUIT

Les cauchemars à répétition sont habituellement dus au stress ou à la peine engendrée par la mort d'un animal de compagnie, un déménagement, des conflits entre les parents ou de l'intimidation. Rassurez les enfants qui font de mauvais rêves. Reconnaissez le problème, mais réglez-le durant la journée.

Certains jeunes sont victimes de terreurs nocturnes, souffrent de somnambulisme ou parlent dans leur sommeil. Les enfants qui sont aux prises avec des terreurs nocturnes se mettent à hurler et, même s'ils semblent éveillés, ne réagissent pas à la présence de leurs parents. Ce problème est inquiétant pour ceux-ci, mais, habituellement, les enfants ne se souviennent pas de leurs terreurs, car elles se produisent vers la fin de la période de sommeil profond. C'est l'inverse des cauchemars qui, eux, ont lieu vers la fin de la nuit. Dans le cas des enfants somnambules, il faut dégager le plancher de la chambre et faire en sorte que les objets qui se trouvent dans la pièce ne présentent aucun danger.

VOS QUESTIONS, NOS SOLUTIONS

 Je ne sais pas trop à quelle heure coucher nos enfants. Mon mari croit que les garçons devraient être au lit à 20 h ; pour ma part, je pense que c'est trop tôt.

 Il faut établir l'heure du coucher en fonction de l'âge des enfants et des besoins de chacun. Il importe donc de ne pas avoir d'idées préconçues. Par exemple, un enfant de deux ans a besoin d'environ treize heures de sommeil, mais cela inclut en général une sieste de quelques heures dans la journée ; le petit peut donc se limiter à onze heures de sommeil la nuit. Les enfants de quatre ans ont en général besoin de douze heures de sommeil, alors que ceux de dix ans se contentent de dix heures. Lorsqu'il n'y a pas d'école le lendemain, faites des essais. Vos enfants sont-ils fatigués au matin ? Si c'est le cas, couchez-les plus tôt.

Notre fille a peur dans le noir et vient souvent nous retrouver dans notre lit en disant qu'elle est effrayée. Comment réussir à la faire dormir dans son lit ?

Faites-la dormir avec la lumière allumée durant quelques nuits. Puis, laissez la lumière du corridor allumée et gardez la porte de sa chambre ouverte. Après une semaine, dites-lui que vous allez fermer sa porte, mais qu'elle continuera de voir un trait de lumière au bas de la porte. Au même moment, donnez-lui une lampe de chevet qu'elle pourra allumer si elle a peur, ou encore, une veilleuse qui empêchera sa chambre d'être complètement dans le noir. Si elle vient encore dans votre chambre la nuit, ramenez-la dans son lit ; ne lui permettez pas de dormir dans le vôtre.

Q Mon fils n'accepte d'aller au lit que si son père lui lit une histoire. Comme ce dernier travaille souvent tard le soir, ce n'est pas pratique. Que pouvons-nous faire ?

R Bien des enfants ont l'habitude d'avoir un de leurs parents à leurs côtés au moment de se mettre au lit. Suivez tous deux notre approche en sept étapes. À partir de maintenant, couchez votre enfant à tour de rôle ; ainsi, la prochaine fois que son père travaillera en soirée, il n'y aura pas trop de changement dans ses habitudes. Si son père a commencé à lui lire une histoire un soir mais qu'il ne l'a pas terminée, lisez-lui le deuxième chapitre le soir suivant, et ainsi de suite, à tour de rôle. Félicitez votre fils lorsqu'il se prépare à aller au lit et ne succombez pas à ses tentatives visant à rester debout le plus longtemps possible. Si vous avez relâché la discipline depuis que son père travaille le soir, par exemple en le laissant se coucher plus tard, jetez un coup d'œil sur l'idée 19, « Être sur la même longueur d'onde ».

Ne laissez jamais un bébé pleurer. C'est une règle primordiale. Il peut pleurer parce qu'il a faim, froid, trop chaud ou parce que sa couche est mouillée. Parfois, il pleure pour tout autre chose : parce qu'il a peur. S'il n'est pas rapidement rassuré, la situation peut s'aggraver. Si un nourrisson est laissé à lui-même lorsqu'il a peur ou se sent seul, il aura l'impression d'être dans un monde inhospitalier et dangereux, et il croira qu'il ne sert à rien de demander de l'aide. Ces impressions façonneront à tout jamais sa vision du monde et des gens. Son seul objectif sera de se consacrer à l'objet qui le sécurise dans un monde aussi incertain.

Dr M. BEVAN BROWN, psychiatre et auteur de The Sources of Love and Fear

14

Des ennuis en double

En raison des traitements de fertilité, les naissances multiples sont de plus en plus fréquentes. Grâce aux conseils suivants, le plaisir découlant d'une telle situation pourrait être doublé, voire triplé.

Le développement de l'individualité de chaque enfant est une des grandes difficultés auxquelles se heurtent les parents de jumeaux. Commencez par donner aux petits des prénoms distincts. Alexandre et Noémie sont de meilleurs choix qu'Alexandre et Alexandra.

Il est préférable de choisir des prénoms qui ne commencent pas par la même lettre et d'habiller les enfants différemment. Lorsqu'ils sont bébés, les jumeaux reçoivent souvent en cadeau des vêtements identiques. Quand ils grandissent, laissez-les choisir leurs tenues. Sophie et David ont des jumeaux. Leurs amis leur offrent souvent des présents identiques : « Habituellement, nous en gardons un et retournons l'autre au magasin. Nous laissons les enfants choisir un autre jouet en échange. Ils apprennent ainsi à partager et à s'amuser ensemble. »

Faut-il acheter deux balançoires ? Deux vaisseaux spatiaux ? Deux maisons de poupées ? Nous vous suggérons d'en acheter un exemplaire et de voir, après quelques semaines, comment les choses se passent. S'il vous semble vraiment utile d'avoir une seconde table à langer ou un deuxième mobile, vous pouvez aller en acheter un autre. Cependant, vérifiez toujours s'il est souhaitable d'avoir un objet en double ; dans de nombreux cas, ce n'est pas nécessaire, et vous économiserez beaucoup d'argent.

Malgré toutes leurs bonnes intentions, les parents ne réussissent pas à accorder à chacun de leurs jumeaux autant d'attention qu'ils en donnent à des enfants nés de grossesse unique. Pour y parvenir, certains parents envoient leurs jumeaux à la garderie à tour de rôle. D'autres en font garder un par mamie pendant qu'ils passent du temps avec l'autre.

> **ON PLONGE !**
>
> Tous les parents de jumeaux savent que les étrangers aiment s'arrêter pour demander : « Est-ce que ce sont des jumeaux ? » Après un certain temps, la chose devient ennuyeuse et irritante. Une réplique bien sentie du genre « Non, nous avions des triplés, mais le chien en a mangé un » éloignera les curieux et aura l'avantage de vous faire sourire.

Cette méthode peut aider les jumeaux à bâtir des relations solides avec leurs parents et les autres membres de la famille, mais elle ne fonctionne pas pour tout le monde. Par exemple, lorsque les jumeaux Bigras sont séparés, ils s'ennuient et passent leur temps à parler de l'autre. Chaque cas étant unique, les parents doivent laisser les enfants être eux-mêmes. Par ailleurs, lorsque des visiteurs se pâment devant des jumeaux, il faut leur rappeler de prêter aussi attention aux autres enfants.

Notre amie Tien ne s'attendait pas à tomber enceinte. Lorsqu'une échographie de routine a révélé la présence de jumelles, elle est carrément devenue « hystérique », nous a-t-elle affirmé. Si jamais une telle nouvelle vous tombe dessus, prenez votre congé de maternité plus tôt que prévu et profitez-en pour vous préparer. Plutôt que d'organiser une réception pour la venue des bébés, demandez aux gens de vous donner des couches. Si tout le monde vous apporte des couches jetables au lieu de produits pour le bain, vous économiserez beaucoup d'argent.

À l'arrivée de vos jumeaux, vous aurez de multiples tâches à effectuer en double. Selon les sages-femmes, vous aurez besoin de tout le soutien possible. Si votre famille vit au loin ou a perdu tout contact avec vous depuis des lustres, cherchez d'autres façons de vous faire aider. Les étudiantes de dernière année en soins infirmiers ont souvent des stages à faire. Elles sont formées, enthousiastes, et ne coûtent pas un sou.

DE FIL EN AIGUILLE

La venue de jumeaux s'accompagne parfois de colères en double. Pour connaître un peu de répit, lisez l'idée 11, « Dompter les accès de colère ».

Pour rencontrer des mères compréhensives pouvant vous prodiguer nombre de bons conseils, inscrivez-vous à l'association des parents de jumeaux de votre région. Par l'entremise de ces organismes, vous pouvez rencontrer d'autres parents de jumeaux, échanger des conseils et recevoir la visite régulière (une ou deux fois par semaine) de bénévoles compétentes, qui peuvent occuper vos aînés ou vous rendre des services pratiques comme faire les courses. Les parents ayant vécu la même expérience que vous pourraient vous vendre la poussette double dont vous avez besoin.

L'intégration à ce genre d'association est un bon moyen de donner des modèles de comportements positifs à vos jumeaux et de leur faire rencontrer des enfants qui sont dans la même situation qu'eux. Ils vivront des moments agréables, au lieu d'avoir l'impression d'être une curiosité. Consultez Internet pour trouver les coordonnées de l'association la plus proche de chez vous.

« Il n'est pas économique de se coucher tôt pour épargner sur l'éclairage si on se retrouve avec des jumeaux. »

PROVERBE CHINOIS

VOS QUESTIONS, NOS SOLUTIONS

Q Mes jumeaux Samuel et Gabriel commenceront l'école cette année, et je ne sais pas s'ils devraient ou non être dans la même classe. Qu'en pensez-vous?

R Il n'y a pas d'avantages réels à séparer des jumeaux en bas âge. Certaines écoles ont comme politique de mettre les jumeaux dans des classes différentes pour les encourager à développer leurs compétences individuelles et à se faire des amis parmi les autres enfants. Cela ne leur fait sans doute pas de tort, dans la mesure où ils peuvent se voir durant les récréations. Nous vous suggérons de parler à Samuel et à Gabriel et de faire votre possible pour respecter ce qu'ils préfèrent.

Q Nos jumelles identiques, Laurie et Florence, vont à la même école, et tous leurs professeurs les confondent. Leurs amis peuvent les distinguer l'une de l'autre, mais les professeurs n'y parviennent pas. Cela les dérange beaucoup. Que pouvons-nous faire?

R Pourquoi ne pas rencontrer leur titulaire et lui expliquer à quel point il est important pour vos jumelles d'être reconnues? Soyez franche et expliquez-lui les trucs que vous utilisez pour les différencier. Est-il possible de les distinguer par leurs attitudes, leur voix ou d'autres caractéristiques? Vous pourriez aussi acheter à chacune un collier différent, pour que personne ne puisse les confondre.

15

Des jeux pour tout le monde

Les jeux sont une excellente façon de rassembler les gens.

Chants de Noël, jeux de dames, d'échecs ou de société : faites votre choix parmi notre sélection.

LES MAINS ENTREMÊLÉES

Pour jouer à ce jeu, on doit avoir deux équipes d'au moins six joueurs. C'est plus amusant avec des gens de tailles et d'âges différents. La première équipe se place face à un mur ou à une clôture, pour qu'elle ne puisse voir ce que fait la seconde. Les membres de celle-ci se prennent par la main et forment un cercle. Ils doivent ensuite s'entremêler de la façon la plus bizarre possible. Ils ne peuvent lâcher les mains qu'ils tiennent, mais tout le reste est permis. Lorsqu'ils sont bien entremêlés, l'autre équipe doit les démêler sans qu'ils se lâchent les mains.

DANS LA BOÎTE

Mettez un petit objet dans une boîte de céréales vide. Bandez les yeux du premier joueur et placez une de ses mains à l'intérieur de la boîte en lui demandant de deviner de quel article il s'agit. Voici quelques idées d'objets : une bille, un cure-dents, une poupée miniature, une pâte alimentaire, une clé, un CD, une cassette. Si vos préados veulent eux-mêmes mettre des objets dans la boîte, jetez un coup d'œil à ce qu'ils ont choisi pour éviter que tante Madeleine ne fasse une crise cardiaque en posant la main sur la tarentule jouet de votre fils.

LE JEU D'OMBRES

Voici un jeu qui tranquillisera les esprits. Recouvrez un mur d'un drap blanc et faites asseoir un enfant devant. Éteignez la lumière, mais allumez une lampe de poche. Demandez aux participants de passer à tour de rôle entre la lampe et l'enfant assis. Celui-ci doit essayer de reconnaître chaque personne par son ombre. Encouragez les participants à déformer leur ombre, par exemple en plaçant leurs mains sur leur visage ou leurs oreilles. Lorsque le petit reconnaît un des joueurs, celui-ci prend sa place.

LE COMBAT DE BOXE

Ce jeu animé se pratique à deux. Les boxeurs se font face, bras au-dessus de la tête. Chacun tient le poignet gauche de son adversaire avec sa main droite. Le gagnant est celui qui touche en premier le dessus de la tête de son adversaire. Nous vous proposons de faire quatre manches d'une minute, que vous chronométrerez avec une minuterie.

ON PLONGE !

Tout le monde peut participer au jeu suivant : les joueurs miment des mots dans le but de faire deviner à l'auditoire le titre d'un livre, d'un film ou d'une chanson. Il est plus amusant de se borner à un seul mot, car il y a moins de gestes à interpréter, ce qui permet aux tout-petits de participer au jeu et même de battre les plus grands. Faites-leur mimer des mots comme grenouille, porte, cercle et bonbon. Si vous avez organisé une fête à thème, écrivez sur des bouts de papier des mots liés à ce dernier, mettez-les dans une boîte à chaussures, puis demandez aux enfants de tirer un mot au hasard.

LES PAIRES DE CARTES

Pour ce jeu tranquille, il faut de deux à quatre participants. Prenez un jeu de cartes, battez-les bien, puis
mettez-les à l'envers en les répartissant sur une table. À
tour de rôle, les joueurs retournent deux cartes. Celui
qui trouve une paire garde les cartes. Si celles-ci sont
différentes, le participant les remet sur la table, et le
joueur suivant tourne deux autres cartes. Le gagnant
est celui qui obtient la plus grosse pile.

LA BATAILLE

Ce jeu de cartes fort populaire se joue à deux. Les enfants
peuvent y jouer avec des cartes qu'ils ont fabriquées.
Chaque participant a la moitié des cartes. Chacun pose
une carte sur la table, et celui qui a la valeur la plus haute
garde les deux cartes. Lorsque les cartes sont de même
valeur, les participants crient « Bataille ! » et posent deux autres cartes ; celui
qui a la valeur la plus haute garde toutes les cartes de la pile. Le gagnant est
celui qui réussit à avoir toutes les cartes.

LE JEU DES BONBONS À LA GELÉE

Ce jeu est agréable à l'occasion des fêtes que vous organisez pour vos
préadolescents. Il constitue par ailleurs un moyen original de présenter un
dessert lorsque les enfants ont été sages à table. Les plus vieux peuvent aussi
y participer. Il vous faut un gros bol de bonbons, un dé, deux cuillères en
bois et une paire de gants de cuisine. Les joueurs se mettent en cercle et lan-
cent les dés à tour de rôle. Si l'un d'eux obtient un six, il met les gants de cuisine et se sert des cuillères en bois pour attraper un bonbon et le manger.
Pendant ce temps, les autres joueurs continuent de lancer les dés, et celui qui

---

DE FIL EN AIGUILLE

Les enfants peuvent dessiner
leurs propres cartes. Pour
savoir comment les y
encourager, lisez l'idée 48,
« Des œuvres d'art ».

> En chaque homme
> se cache un enfant
> qui veut s'amuser.
>
> *FRIEDRICH NIETZSCHE*

obtient un six prend la relève du premier. Si votre plancher est facile à laver, vous pouvez bander les yeux des participants au moment où ils doivent attraper et manger un bonbon.

LE TOUR DU MONDE

Voici un autre jeu tranquille et original. Les participants s'assoient en cercle (si vous êtes dans une voiture, les passagers jouent à tour de rôle). Un premier joueur (par exemple, celui dont c'est l'anniversaire, le garçon le plus vieux, la personne qui n'a pas d'animal de compagnie) nomme un endroit. Il peut s'agir d'un pays, d'une ville ou d'un village. Disons Paris. Le joueur suivant donne le nom d'un lieu qui commence par la dernière lettre du premier, comme San Francisco, et ainsi de suite. Si un joueur ne réussit pas à trouver le nom d'un endroit après qu'un autre participant a dit « le tour du monde », il est éliminé.

LES FEUILLES MUSICALES

Ce jeu ressemble à la chaise musicale, à la différence qu'il se joue avec des feuilles de papier. Les adultes, même ceux qui souffrent d'arthrite, peuvent y participer. Disposez sur le plancher autant de feuilles qu'il y a de joueurs. Pendant qu'une musique joue, les participants se faufilent entre les feuilles, sans y toucher. Si un joueur touche à une feuille, il est éliminé. Lorsque la musique s'arrête, les participants sautent sur la feuille qui est la plus proche d'eux. Il ne peut y avoir qu'un joueur par feuille. Après ce premier tour, enlevez une feuille à chaque arrêt de la musique. La personne qui n'a pas les pieds sur une feuille est éliminée. Vous pouvez choisir le papier en fonction du thème de la fête : des cœurs pour la Saint-Valentin, des citrouilles pour l'Halloween ou des quartiers de lune pour une soirée où les invités resteront à dormir.

STOP !

Ce jeu d'extérieur, qui permet de mieux se connaître, requiert un minimum de huit participants. Un joueur tient une petite balle molle, qu'il lance en disant le nom d'un autre joueur, par exemple Suzanne. Tous les autres s'éloignent pendant que Suzanne essaie d'attraper la balle. Si elle l'attrape, elle dit : « Stop ! ». Les participants doivent alors arrêter de bouger. Suzanne peut lancer la balle sur n'importe quel joueur ; si elle en touche un, celui-ci devient le prochain à prendre la balle et à dire le nom d'un joueur pendant que les autres s'éloignent.

VOS QUESTIONS, NOS SOLUTIONS

Nathan a sept ans. Récemment, il a commencé à tricher lorsque nous jouons au Monopoly : il vole de l'argent de la banque. Nous craignons que ce défaut empire et que Nathan finisse par tricher en d'autres occasions.

Vous devriez essayer de savoir pourquoi il triche. Peut-être qu'il trouve le jeu ennuyeux ou qu'il a de la difficulté à suivre l'action. Faites quelques parties où vous lui laisserez une chance de gagner et voyez ce qui se passe. Vous pouvez aussi lire l'idée 18, « Les méfaits des enfants ». Cependant, nous croyons qu'il n'y a pas lieu de vous montrer trop sévère à son égard.

16

Qui aime bien châtie bien

Les fessées ne sont pas un bon moyen d'enseigner aux enfants à bien se comporter. Les parents trop sévères passent parfois à côté de certaines choses. Apprenez à inculquer sans douleur la discipline à vos enfants.

Il se peut que vous ayez reçu quelques fessées lorsque vous étiez enfant. Vous avez peut-être l'impression qu'elles ne vous ont pas laissé de séquelle. Toutefois, de nos jours, on croit que ce type de punition n'a rien de bon.

Vous savez sans doute qu'en battant un enfant on lui apprend à devenir violent. Vous ne devez surtout pas frapper votre enfant pour vous défouler lorsque vous êtes frustré ou que vous avez l'impression que la coupe est pleine. Par ailleurs, les petits finissent par ne plus respecter leurs parents si ces derniers n'usent de punitions que de manière ponctuelle ou injuste.

LES CONSÉQUENCES NATURELLES

Les conséquences naturelles découlent d'actions de l'enfant pour lesquelles les parents n'ont pas à se sentir responsables. Si Annie s'amuse près d'un puisard de rue avec une bille, celle-ci tombera tôt ou tard dans une des ouvertures, et Annie perdra sa bille. Tenez-vous-en aux conséquences naturelles dans la mesure où la sécurité de l'enfant n'est pas en jeu. Sophie fait tomber son pouding au riz sur le plancher ? Eh bien, c'est malheureux, mais il n'y a plus de dessert pour elle.

LES CONSÉQUENCES LOGIQUES

Il est parfois impossible de vous servir des conséquences naturelles, par exemple si elles comportent un danger. C'est le cas quand votre fillette court dans une rue passante. Dans ces situations, ayez recours aux conséquences logiques, c'est-à-dire à celles qui vous obligent à vous interposer pour corriger un comportement risqué : « Tu resteras à l'intérieur jusqu'à ce que tu comprennes qu'il est dangereux de jouer dans la rue. » Si votre enfant lance de grandes quantités d'eau par terre en prenant son bain, videz la baignoire et mettez fin à l'heure du bain. Dites quelque chose comme : « Lorsque tu auras appris à ne pas lancer d'eau partout, tu pourras rester plus longtemps dans la baignoire. »

RÉORIENTER LES EFFORTS DES ENFANTS

Les enfants font parfois des choses qu'ils ne devraient pas faire simplement pour tester les compétences qu'ils viennent d'acquérir. Il faut alors réorienter leurs efforts. Votre bambin, voulant jouer au facteur, se sert de blocs de construction en plastique comme colis et les fait passer dans les ouvertures de

---

ON PLONGE !

Essayez de modifier votre façon de parler à vos enfants. Vous devez leur dire ce que vous voulez qu'ils fassent, et non hurler contre ce qu'ils font de mal. Au lieu de lancer des phrases comme « Arrête immédiatement de crier », tentez de garder votre calme et de vous en tenir à des commentaires comme : « S'il te plaît, parle plus doucement. » Remplacez un ordre comme « Arrête de courir » par : « J'aimerais que tu marches lentement. » Durant une heure, faites des demandes plutôt que de donner des ordres ; les résultats vous surprendront.

la cage de votre lapin ? Au lieu de lui taper sur les doigts, réorientez ses efforts en lui permettant de mettre en pratique ses nouvelles compétences : faites-le jouer au facteur en lui donnant une vieille boîte à chaussures, qu'il transformera en boîte aux lettres. Ainsi, il risquera moins de se faire mordre par votre lapin ou de le blesser.

Lorsque votre fils lance des livres, prenez le temps de jouer à la balle avec lui. Si votre fille s'amuse à essayer vos plus beaux escarpins, donnez-lui-en une vieille paire ; pour qu'elle n'ait pas l'impression de se retrouver avec un deuxième choix, ajoutez des brillants sur les chaussures en question ou donnez-lui aussi quelques vêtements.

> ### DE FIL EN AIGUILLE
>
> Afin d'éviter les problèmes de discipline, entendez-vous sur certaines règles. Lisez l'idée 37, « Pas chez nous », pour apprendre à faire participer les enfants à l'établissement de règles et pour savoir quoi faire lorsqu'ils les enfreignent.

FERMER LES YEUX

Il est souvent efficace de ne pas réagir aux comportements désagréables de vos enfants, surtout si vous avez le sentiment que ces derniers tentent de vous faire sortir de vos gonds. Il est plus indiqué de fermer les yeux devant les jurons de vos enfants, par exemple, que d'en faire toute une histoire ou de les punir en leur faisant payer une amende pour chaque juron prononcé. En effet, vos enfants manqueront vite d'argent de poche pour payer l'amende, mais ils ne seront jamais à court de gros mots.

DES SIGNAUX D'ALARME

Les parents qui ont déjà donné des fessées à leur enfant peuvent de nouveau succomber à la tentation. Si c'est votre cas, présentez des excuses à votre bambin et expliquez-lui que vous avez fait une erreur. Lorsque vous vous serez calmé, réfléchissez à ce qui s'est passé. Quels ont été les signes précurseurs de votre comportement ? Certains parents disent que, lorsqu'ils sont sur le point de donner la fessée à leur enfant, ils se mettent à avoir chaud ou à entendre leur cœur battre à tout rompre. Quand vous reconnaîtrez les signaux d'alarme qui vous sont propres, vous pourrez vous en servir pour battre en retraite. Si votre enfant fait quelque chose qui déclenche ces signaux, essayez de trouver une autre façon de réagir.

S'ÉLOIGNER

La prochaine fois que vous craindrez de donner une fessée à votre enfant en réaction à sa mauvaise conduite, éloignez-vous. Dites-lui que vous avez besoin de vous retirer durant quelques minutes, puis allez vous calmer dans un endroit comme la salle de bain. Ce conseil semble simple, mais il peut avoir des effets rapides. Cependant, ne vous culpabilisez pas : tout le monde a le droit d'avoir une mauvaise journée.

DES FÉLICITATIONS

En règle générale, les enfants entendent plus de critiques que de félicitations et ont souvent l'impression de ne pas être à la hauteur. Ceux qui se sentent bien dans leur peau se conduisent mieux. Le défi ? Féliciter les enfants au moins deux fois par jour. Lorsqu'ils se rendent compte qu'ils attirent l'attention de leurs parents en se conduisant bien, ils sont moins enclins à mal agir. Soulignez les bons coups de votre enfant. Toutefois, au lieu de lui dire « Bravo ! Tu as bien fait tes devoirs », précisez votre pensée en disant : « Bravo ! Tu as travaillé seul durant une demi-heure et tu as laissé ta sœur s'amuser à l'ordinateur. »

> Lorsque vous êtes de mauvaise humeur, vous donnez des fessées à vos enfants pour la moindre bêtise. Lorsque vous vous sentez plus tolérant, vous laissez vos enfants faire n'importe quoi. Ce manque de logique apprend à vos petits à être sournois, et non à distinguer ce qui est bien de ce qui est mal ou à prendre de bonnes décisions.
>
> *D'SAL SEVERE, pédopsychologue*
> *et spécialiste de l'éducation des enfants*

VOS QUESTIONS, NOS SOLUTIONS

Q Ma fille est parfois tellement hors d'elle que je lui donne une tape pour la ramener à l'ordre. Lorsqu'elle est dans cet état, il est impossible de lui faire entendre raison.

R On ne peut faire entendre raison à des enfants qui sont hors d'eux-mêmes. Toutefois, au lieu de donner une tape à votre fille, essayez l'idée 20, « Une suspension de renforcement ». Cela vous donnera à toutes deux la chance de vous calmer pour résoudre la situation.

Q Je n'aime pas donner la fessée à mon fils, mais, quand je le fais, il m'écoute. Est-ce vraiment une si mauvaise chose ?

R La fessée montre à votre enfant que vous ne voulez pas le voir faire telle ou telle chose, mais elle ne lui permet pas d'apprendre à bien se comporter. Après une fessée, il a de la peine. Il est alors presque impossible de discuter avec lui de son comportement. Il ne peut donc apprendre de ses erreurs.

Q Je suis capable de reconnaître mes « signaux d'alarme », mais je ne peux m'éloigner à ce moment, car mon enfant est en général en train de faire quelque chose de dangereux.

R Prenez votre petit dans vos bras et éloignez-le du danger. N'essayez pas de le raisonner ou de lui expliquer que vous êtes mécontent. Lorsque vous vous serez tous deux calmés, discutez de ce qui s'est passé et des raisons pour lesquelles vous avez dû l'éloigner du danger. Si vous ne pouvez vous écarter de lui physiquement, vous pouvez sûrement le faire mentalement. Jetez un coup d'œil sur l'idée 36, « Gérer le stress ».

17

Les récompenses

Vous voulez apprendre à vos petits à bien se conduire ? Récompensez-les. Ne vous en faites pas : vous n'en ferez pas des enfants gâtés. Vous pouvez choisir des récompenses qui ne vous coûteront pas un sou.

On récompense un enfant pour toutes sortes de raisons : parce qu'il s'est bien conduit, parce qu'il a accompli une tâche ménagère, mais aussi pour le remercier de s'être occupé de son petit frère ou pour lui prodiguer de l'attention quand un autre membre de la famille en a monopolisé beaucoup.

Jennifer a passé vingt minutes par jour seule avec son père ou sa mère durant la semaine où son frère a été malade ; ses parents lui ont ainsi évité de sentir qu'elle était tenue à l'écart. Une récompense peut aussi servir à encourager un enfant à bien réussir sa dictée. Il est bon de récompenser les enfants, parfois même sans raison apparente. En effet, lorsque les parents ne soulignent que les bons comportements de leurs petits, ceux-ci n'apprennent pas à bien agir pour leur simple satisfaction personnelle. Ils ont l'impression que l'amour de leurs parents dépend de leurs résultats.

SOUS UNE BONNE ÉTOILE

Dans un autre chapitre, nous vous avons proposé d'utiliser un calendrier pour coller ou dessiner des étoiles lorsque votre enfant ne mouillait pas son lit. Certaines familles se servent aussi de calendriers pour les enfants qui ont de la difficulté à finir leurs devoirs ou à faire leurs corvées. Le principe est le même : une étoile pour une nuit sans pipi, pour une corvée accomplie ou pour un devoir terminé. Entendez-vous avec vos bambins pour échanger un certain nombre d'étoiles contre une récompense. Faites vérifier ce nombre par une personne objective. Ne promettez que ce que vous pouvez donner. Ainsi, Carole a promis un gros montant d'argent à son fils s'il retournait à l'école durant un trimestre ; elle a dû se trouver un second emploi pour le payer.

Grâce à des expériences faites sur des rats, les psychologues comprennent mieux comment les enfants apprennent. Dans le cadre d'une de ces études, des chercheurs donnaient des graines de nourriture aux rats lorsque ceux-ci appuyaient sur un levier. Les animaux qui recevaient de la nourriture chaque fois qu'ils appuyaient sur le levier ont cessé de le faire lorsque les chercheurs ont mis fin aux récompenses.

Les préados ont beaucoup en commun avec ces rongeurs. En effet, certains enfants deviennent des accros des calendriers d'étoiles : ils réussissent à échanger leurs étoiles contre de grosses récompenses, mais ils retournent à leurs vieilles habitudes dès que les gratifications cessent. Revenons à nos rats. Les psychologues ont cherché à savoir ce qui arriverait s'ils donnaient des graines de nourriture aux rongeurs à différents intervalles. Ainsi, ils ont offert à un premier groupe de la nourriture par intermittence (renforcement à proportion variable) ; un deuxième groupe a reçu des graines une

> **ON PLONGE !**
>
> Présentez vos félicitations à différents moments. Félicitez parfois votre enfant au début de son travail, d'autres fois pendant ce dernier et à d'autres occasions au moment où il le termine. Vous remarquerez alors qu'il s'applique davantage.

Vos enfants ont plus besoin de votre présence que de vos présents.

JESSE JACKSON,
leader du mouvement
pour les droits civils,
politicien et pasteur

fois sur cinq ; et un troisième groupe de rats a eu droit à de la nourriture toutes les cinq minutes, qu'ils appuient ou non sur le levier.

Le programme à proportion variable a donné les résultats les plus éloquents. Les rats obtenaient de la nourriture après avoir appuyé sur le levier 5 fois, 7 fois ou 25 fois ; ce nombre variait de manière aléatoire. Si cette

DE FIL EN AIGUILLE

Un sachet de semences est une récompense qui ne coûte pas cher. Lisez l'idée 32, « Un jardin à cultiver ».

façon de procéder vous semble bizarre, pensez aux joueurs : les adultes qui achètent des billets de loterie ou qui sont accros aux machines à sous obéissent aux règles du renforcement à proportion variable. La plupart du temps, ils ne gagnent pas, mais la possibilité de remporter le gros lot les incite à continuer. De plus, les petits gains obtenus en cours de route renforcent leur comportement. Tout comme les rats, les enfants se conduisent bien s'ils sont récompensés au moment où ils ne s'y attendent pas.

SE RUINER EN RÉCOMPENSES

Il est inutile de vous mettre sur la paille pour acheter les jouets les plus chers du magasin ; de toute façon, vos enfants s'en lasseront vite. À la place, offrez-leur des chèques-cadeaux de différentes valeurs, qu'ils pourront échanger contre des livres ou des CD. Au lieu de leur donner des chèques-cadeaux qui couvrent tout le montant des ouvrages ou des disques, remettez-leur des bons dont les montants sont inférieurs. Cela les encouragera à économiser en vue d'un achat particulier. Les chèques-cadeaux ont un avantage sur les petites sommes d'argent : on ne peut les gaspiller.

Chez les Lamarche, celui qui fait la vaisselle a droit à dix minutes de plus à l'ordinateur. Le fait de lire une plus longue histoire que d'habitude à son enfant peut être une façon de passer du temps seul avec lui, et il s'agit d'une belle récompense lorsque les deux parents travaillent. Certains parents laissent de petits mots comme « Félicitations ! » ou « Je t'aime » dans la boîte à lunch ou le sac de sport de leur enfant. Une autre délicieuse surprise à mettre dans la boîte à lunch : des fraises trempées dans le chocolat.

Les plus jeunes aiment qu'on leur permette de rester plus longtemps au terrain de jeu. Les grandes filles adorent se faire faire un « vrai manucure » par leur mère. Par contre, l'écoute d'un DVD peut être une récompense à double tranchant : vous pourriez vous retrouver à regarder la énième série des Pierrafeu un vendredi soir. Choisissez démocratiquement un film qui plaira à toute la famille et offrez du maïs soufflé à vos bambins comme gratification. Voici une autre récompense formidable pour les enfants de tout âge : leur permettre d'inviter un ami à passer la nuit à la maison. Dites-vous que même les adultes se donnent parfois beaucoup de mal pour garder à la maison une personne qui leur est chère.

VOS QUESTIONS, NOS SOLUTIONS

Q **Hélène, ma fille de cinq ans, essaie d'accumuler des étoiles pour les échanger contre des récompenses, mais elle perd vite son intérêt et n'atteint jamais ses objectifs. Elle est vraiment démotivée. Que pouvons-nous faire ?**

R Dans le cas des enfants très jeunes, les récompenses sont plus efficaces si elles sont remises peu de temps après le bon comportement. Autrement, les bambins sont incapables de faire le lien entre leur conduite et la récompense. Aidez votre fille en lui accordant de petites gratifications à intervalles rapprochés pour qu'elle comprenne le principe.

18

Les méfaits des enfants

Vous avez surpris votre enfant en train de voler des bonbons et il clame son innocence ? Voici ce que vous pouvez faire pour l'empêcher de mentir et de devenir un « criminel endurci ».

Tous les enfants racontent des mensonges. Pourquoi exagèrent-ils et content-ils des histoires à dormir debout ?

À trois ans, Christine ne connaît pas nécessairement la différence entre la réalité et la fiction. Comme bien des enfants de son âge, elle donne à ses parents une idée de son imagination fertile en leur débitant des histoires. Charles, un petit bonhomme de quatre ans, sait qu'il a eu tort de manger le suçon de sa sœur, mais il ne comprend pas encore pourquoi il ne peut nier qu'il l'a fait. Quant aux plus vieux, ils mentent parfois pour faire croire à leurs parents qu'ils se sont bien conduits. Ce faisant, ils espèrent obtenir une récompense ou éviter une punition. Ils mentent aussi pour sauver la face : Jessica, qui n'a pas fait son travail scolaire, dira à son professeur qu'elle l'a oublié à la maison.

Évitez de donner à vos enfants l'occasion de mentir. En demandant à votre fils s'il a volé de l'argent dans votre sac à main alors que vous l'avez vu faire, vous l'encouragez à vous cacher la vérité. Les préados mentent souvent pour éviter de se sentir pris au piège lorsqu'ils font des écarts de conduite. La prochaine fois que vous verrez votre fille tenir dans ses mains un bijou qu'elle a brisé, ne lui demandez pas si elle est responsable de ce bris ; invitez-la plutôt à vous expliquer ce qui s'est passé. Comme vous le savez, les enfants sont des imitateurs : si vous faites preuve d'honnêteté avec eux, ils vous rendront la pareille.

Inutile de vous dire que les réactions colériques et les menaces du genre « Si je découvre que tu m'as menti, tu sera privé de sorties jusqu'à l'âge de dix-huit ans » n'inciteront pas vos jeunes à vous dire la vérité. Si vous êtes certain que votre enfant vous a menti, dites-le-lui. S'il est mal à l'aise, instaurez un climat de confiance en lui montrant que vous comprenez son sentiment, mais insistez pour connaître la vérité.

UNE QUESTION DE JUSTICE

Vous venez de surprendre votre chérubin la main dans le sac de bonbons, mais il jure qu'il n'en a pris aucun. Vous aimeriez lui donner le bénéfice du doute, mais ce n'est pas la première fois que vous le prenez sur le fait. Bien des enfants n'ont plus de sens moral lorsque le goût de posséder ou de consommer une chose qui ne leur appartient pas est plus fort que la capacité de résister à leur envie.

> **ON PLONGE !**
>
> Nous ne voulons pas vous culpabiliser, mais réfléchissez au modèle que vous incarnez pour vos enfants. Si vous revenez à la maison le soir en exhibant les stylos, le papier ou les blocs-notes que vous avez dérobés au bureau, ne vous surprenez pas de voir vos discours sur l'honnêteté tomber dans l'oreille de sourds…

L'adulte qui cherche à changer quelque chose chez son enfant devrait commencer par se demander s'il ne lui faudrait pas plutôt changer quelque chose en lui-même.

CARL JUNG

Dans sa jeunesse, Arvid, le jeune frère de Peter, a été pris en flagrant délit alors qu'il volait des pommes avec un ami sur le terrain d'un couvent. Après avoir reconnu les fautifs, les religieuses ont appelé la police. Un agent bien inspiré a expliqué à Arvid et à son complice qu'ils devaient s'excuser auprès des religieuses. Ils leur ont donc présenté leurs excuses. Pour les récompenser, les sœurs leur ont offert quelques belles grosses pommes. Les deux enfants n'ont plus jamais commis de vols. La morale de cette histoire : il vaut mieux apprendre aux enfants à avouer leurs crimes et à s'en excuser que de les punir.

> **DE FIL EN AIGUILLE**
>
> Vous pensez que le châtiment doit être proportionnel au méfait, mais vous ne savez comment vous y prendre ? Lisez l'idée 16, « Qui aime bien châtie bien ».

Beaucoup de jeunes enfants s'emparent de choses qui ne leur appartiennent pas par simple curiosité. Tant qu'ils ne sont pas assez vieux pour comprendre qu'il est mal de prendre ce qui n'est pas à eux, nous ne croyons pas qu'il s'agit de vols. Les bambins de moins de trois ans sont trop jeunes pour distinguer le bien du mal. Cependant, il n'est jamais trop tôt pour commencer à le leur

En général, les êtres humains veulent être bons, mais pas trop et pas tout le temps.

GEORGE ORWELL

enseigner. Faites des commentaires comme : « Ce vase appartient à tante Johanne ; nous allons te donner autre chose pour t'amuser » ou : « Demandons à Antoine s'il veut bien te laisser jouer avec ses Lego. »

Votre fille de dix ans arrive de l'école avec une calculatrice que vous n'avez jamais vue, et vous découvrez qu'elle appartient à une camarade. Dites-lui de rapporter l'article à sa propriétaire et de s'excuser auprès d'elle. Elle se sentira sans doute coupable et mal à l'aise, mais ces sentiments auront un effet dissuasif à l'avenir.

VOS QUESTIONS, NOS SOLUTIONS

Q À quelques reprises récemment, notre fille de huit ans a pris de l'argent dans le sac à main de sa mère pour s'acheter des bonbons. Que devrions-nous faire ?

R Il est clair que votre fille doit savoir qu'elle s'est mal conduite et que son geste est inacceptable. Comme elle peut avoir pris ce moyen pour attirer votre attention, nous vous suggérons d'examiner ce qui se passe dans sa vie. Nous croyons qu'elle devrait redonner l'argent à sa mère ou effectuer des corvées pour la rembourser. D'après certains spécialistes, les enfants volent pour remplacer ce qui leur manque dans la vie. Si vous vous y prenez avec délicatesse, vous pourrez amener votre fille à changer son comportement et arriverez à découvrir les problèmes sous-jacents.

Faisons une analogie avec l'automobile : les enfants lui donnent sa puissance et les parents doivent en assurer la conduite.

Dʳ BENJAMIN SPOCK, pédiatre et spécialiste de l'éducation des enfants

19

Être sur la même longueur d'onde

Votre conjoint et vous faites les choses différemment ? Vous ne vous entendez pas sur ce que devrait être la discipline ? Voici comment rétablir l'harmonie.

Vos caractères sont différents, tout comme vos antécédents familiaux, votre sexe, vos principes, vos attentes, vos expériences et vos emplois. Il n'est donc pas surprenant que vous envisagiez l'éducation de vos enfants de façon différente.

Quand la relation est harmonieuse, les parents acceptent leurs différences et en discutent ; leurs façons d'élever les enfants convergent et se complètent alors. Cependant, lorsque les parents ne communiquent pas bien ou se séparent, c'est le contraire qui se produit : les manières de s'y prendre divergent et se polarisent. Si l'un des parents est strict, il le devient encore plus en réaction à l'autre parent, qui est souvent plus permissif.

France est une mère stricte. Elle accorde beaucoup d'importance à la routine ; sans cette dernière, elle a l'impression de n'aboutir à rien. Martin, son conjoint, n'a pas envie de se battre lorsqu'il revient du travail le soir. Après tout, se dit-il, la maison est le royaume de France. De plus, comme elle a plusieurs fois critiqué sa façon de s'y prendre avec les enfants, il se sent inutile et a presque abandonné la partie.

Cependant, presque tous les soirs, les enfants font des choses que France désapprouve : ils mangent des bonbons avant le souper, ils font leurs devoirs devant la télé ou ils refusent de nettoyer la cage du hamster. Leur mère a recours aux cajoleries, puis aux menaces, et le tout se termine souvent par des cris. Martin finit par intervenir : il enguirlande France devant les enfants et ajoute qu'elle est trop sévère avec eux. Cette situation plaît énormément aux bambins, qui en tirent profit et n'en font qu'à leur tête.

Quelle est la meilleure façon de faire avec les enfants ? C'est la démocratie qui doit mener. Dans les années 30, deux chercheurs se sont intéressés aux styles de leadership. Pour ce faire, ils ont étudié des groupes d'enfants d'âge scolaire qui faisaient partie de divers clubs d'artisanat et qui devaient confectionner des masques. Ils ont mis **3 styles de leaders** en évidence :

1. L'autoritaire : il donne des ordres pour diriger les activités des enfants.

2. Le démocratique : il offre des conseils aux enfants, les encourage et participe à la confection des masques.

3. Le laissez-faire : il donne de l'information aux enfants sans participer aux activités.

Voyons ce qui se passe pour chaque style.

> **DE FIL EN AIGUILLE**
>
> Vos enfants savent-ils ce que vous attendez d'eux ? Si les règles familiales ne sont pas claires, il est bien difficile pour des parents de s'entendre au sujet des punitions et de la discipline. Lisez l'idée 37, « Pas chez nous ».

L'autoritaire

Les chercheurs ont noté que les enfants du groupe soumis à un leader autoritaire avaient deux types de comportements : agressifs et indifférents. Les enfants agressifs étaient rebelles et exigeaient beaucoup d'attention du leader. Ils blâmaient aussi les autres lorsque les choses n'allaient pas bien. Quant aux enfants indifférents, ils demandaient peu du leader et étaient peu critiques ; toutefois, lorsqu'ils se trouvaient ensuite avec un leader non autoritaire, ils avaient tendance à perdre leur temps. Les enfants de ce groupe ont confectionné plus de masques que ceux du groupe « démocratique », mais leurs œuvres étaient moins réussies.

Le démocratique

Dans ce groupe, le moral était bon. Les relations entre les enfants et avec le leader étaient amicales. Lorsque ce dernier quittait la pièce, les enfants continuaient de travailler. Ceux-ci ont fait preuve d'originalité et, même s'ils ont fabriqué moins de masques que les membres du groupe « autoritaire », ils les ont mieux réussis.

Le laissez-faire

Il s'agit du pire groupe. Les enfants ont confectionné peu de masques, et ceux qu'ils ont faits n'étaient pas très beaux. Le degré de satisfaction du groupe était au plus bas, la collaboration entre les membres était faible, et les enfants avaient des exigences élevées envers leur leader. Ils ont montré peu d'aptitude à travailler par eux-mêmes.

LE JUSTE MILIEU

Quand les parents se rendent compte que leurs façons de faire se polarisent, ils peuvent améliorer la situation. Reprenons l'exemple décrit au début du chapitre. En réponse à France, qui devenait de plus en plus autoritaire,

Martin optait de plus en plus pour le laissez-faire. Lorsque nous le leur avons fait remarquer, France a pris les mesures nécessaires pour être moins directive avec les enfants. En contrepartie, Martin a commencé à faire preuve d'un plus grand sens des responsabilités en ce qui concerne le comportement des enfants. Morale : lorsqu'un des parents adopte une attitude plus démocratique, le couple en arrive à un juste milieu.

UNE RENCONTRE AU SOMMET

Si votre conjoint et vous ne vous entendez pas en ce qui a trait aux questions de discipline, évitez de vous critiquer et de vous sous-estimer mutuellement. Organisez plutôt une rencontre au cours de laquelle chacun aura dix minutes pour expliquer comment il voit le problème et pour dresser une liste des solutions possibles. Relevez les avantages et les inconvénients de chaque solution, puis prenez dix autres minutes pour arriver à une conclusion commune. En montrant à vos enfants que vos désaccords mènent à des solutions constructives, vous leur donnez une excellente leçon sur la résolution de conflits.

ON PLONGE !

Vos enfants ont appris à vous élever l'un contre l'autre ? Mettez fin à ces manipulations en établissant la règle du « système majoritaire » : le premier parent qui remarque que les enfants ont enfreint une règle ou se sont mal comportés intervient à sa façon, sans qu'un membre de la famille puisse remettre sa décision en question.

> Le fait d'avoir des idées divergentes sur la façon d'élever les enfants mène souvent à une rupture dans la communication entre les mères et les pères, malgré leur objectif commun d'éduquer leurs petits pour en faire des êtres équilibrés et capables d'affronter les difficultés de la vie.
>
> *TINE THEVENIN,* Mothering and Fathering

UN APPEL À UN AMI

Si vous avez besoin des conseils d'une tierce personne (qui n'est pas impliquée dans les désaccords de votre famille), consultez un ami assez sage pour respecter chacun des parents. Il est préférable de rechercher l'avis d'un ami commun que celui de parents par le sang, car il aura tendance à être plus objectif.

Est-ce si dramatique d'adopter pour une fois une autre façon de faire que la vôtre? Dans le feu de l'action, il est facile de croire que votre méthode est la meilleure. Essayez de penser plus loin que le bout de votre nez. Demandez-vous si le fait que votre conjoint ait permis à votre enfant de manger de la mousse au chocolat au lieu du macaroni aura de graves répercussions demain, la semaine prochaine ou dans trente ans. Si votre conjoint sent que sa façon de faire est valorisée, il n'aura pas l'impression d'être pris au piège et il agira de manière moins extrême la prochaine fois.

VOS QUESTIONS, NOS SOLUTIONS

Q **Mon mari est inflexible en ce qui concerne l'heure de mettre les enfants au lit. Je crois que, les soirs de congé et les fins de semaine, nos petits devraient avoir le droit de se coucher plus tard.**

R D'abord, il est important de savoir pourquoi votre mari tient à ce que les enfants se couchent tôt. Il croit peut-être qu'ils ont besoin d'un nombre précis d'heures de sommeil. Ou peut-être veut-il simplement passer quelques heures seul avec vous? S'il cédait, aurait-il l'impression de subir une défaite humiliante? Discutez-en entre vous (sans les enfants), car ses raisons peuvent être bonnes. Peut-être acceptera-t-il de laisser les petits se coucher plus tard la fin de semaine sans sentir qu'il perd la face.

20

Une suspension de renforcement

Votre enfant est désagréable? Mettez fin à ses mauvais comportements en cinq minutes.

Non, nous ne vous demanderons pas d'enfermer vos enfants dans la cave. Lorsque nous parlons de suspension de renforcement, nous faisons allusion à un temps de repos de cinq minutes dans un endroit que les enfants trouvent ennuyeux.

Les préados n'aiment pas être privés d'activités amusantes et de la compagnie de leurs amis. Ils détestent être soumis à une suspension de renforcement et sont prêts à tout pour l'éviter, même à arrêter de mal se comporter. Ce temps de repos montre aux petits que les parents ne plaisantent pas.

Voici **10 choses** que vous devez savoir au sujet de la suspension de renforcement :

1. La suspension de renforcement doit servir à cibler un comportement précis, que vous voulez modifier chez votre enfant. C'est ce qu'on appelle un comportement-cible. Si vous utilisez cette technique quand votre fille donne des coups à une autre personne, vous devez vous limiter à ce comportement. Vous ne devriez pas employer cette stratégie quand votre fille lâche des jurons, par exemple.

2. Les pièces consacrées à la suspension de renforcement doivent être ennuyeuses mais sécuritaires. Les chambres d'invités, les salles de bains, les espaces de rangement et les salles de lavage conviennent généralement, mais pas la chambre de l'enfant. Peu importe la pièce choisie, sortez-en les objets fragiles ainsi que ceux avec lesquels le bambin pourrait s'amuser. Si vous vivez dans un petit appartement ou un loft, faites asseoir l'enfant sur une chaise et tenez-le à l'écart des autres enfants et des activités.

3. La durée de la suspension de renforcement dépend de l'âge de l'enfant : entre trois et cinq ans, trois minutes suffisent ; entre cinq et dix ans, cinq minutes ; à dix ans et plus, dix minutes. Mettez l'accent sur la « qualité » plutôt que sur la quantité. Il ne sert à rien de laisser trop longtemps l'enfant en suspension de renforcement.

4. Une fois que vous avez choisi le comportement-cible et le lieu de la suspension de renforcement, avertissez-en votre enfant. Il est important de ne pas l'informer de votre décision à un moment où vous êtes en colère ou pour donner du poids à vos arguments. Faites-le quand tout le monde se montre calme et raisonnable.

5. Dites à vos enfants que la suspension de renforcement les aidera à mieux se comporter et à se sentir mieux dans leur peau. Expliquez-leur-en le fonctionnement, par exemple en leur disant qu'ils resteront assis dans la salle de bain durant cinq minutes.

6. Il est utile d'installer une horloge dans la pièce servant à la suspension de renforcement, afin de montrer à vos enfants sur quel chiffre sera la grande aiguille quand ils pourront sortir de la pièce.

7. Cette stratégie ne fonctionnera pas du tout si vous l'employez comme une menace. Par exemple, en disant « Si tu lances le hamster dans les escaliers une autre fois, tu seras mis en suspension de renforcement », vous donnez à votre enfant une occasion de mal se comporter.

8. Pour que la suspension de renforcement donne de bons résultats, il faut bien préparer la chose. Il faut qu'elle devienne la conséquence naturelle du comportement-cible. Cette méthode fonctionne moins bien lorsque les parents ne sont pas cohérents, par exemple lorsqu'ils soumettent parfois l'enfant à la suspension de renforcement et qu'ils le laissent faire à d'autres occasions, ou encore, lorsqu'ils le menacent de lui faire subir la suspension.

9. La stratégie ne fonctionnera pas si vous n'y avez recours que de manière ponctuelle. Lisez l'idée 16, « Qui aime bien châtie bien », pour connaître les techniques à utiliser de concert avec celle-ci.

10. Vous utilisez la suspension de renforcement à la maison et vous obtenez de bons résultats ? Formidable ! Cependant, que faites-vous lorsque vous êtes à l'extérieur avec votre enfant ? Certains parents prennent note des écarts de conduite de celui-ci et le soumettent à une suspension de renforcement dès le retour à la maison. Toutefois, comme il y a un délai entre le mauvais comportement et la suspension, l'enfant peut continuer de faire des siennes, car il sait que, de toute façon, il devra subir la suspension. Si vous êtes dans un centre

commercial, un parc, un centre de loisirs ou un lieu de culte, vous trouverez probablement un endroit où l'enfant pourra rester tranquille. Si vous êtes dans un restaurant, utilisez la toilette publique pour les jeunes enfants ; dans le cas des plus vieux, amenez-les à l'extérieur.

« Lorsque mes enfants sont turbulents et indisciplinés, je me sers d'un joli parc d'enfants bien sécuritaire. Lorsqu'ils se calment, j'en sors ! »

ERMA BOMBECK, journaliste américaine

VOS QUESTIONS, NOS SOLUTIONS

Q **Mon fils me demande plusieurs fois par minute combien il reste de temps à la suspension. Comme je dois lui répondre, il obtient plus d'attention que lorsqu'il n'est pas en suspension.**

R La stratégie est inutile si, lorsque vous y avez recours, l'enfant reçoit plus d'attention que d'habitude. Utilisez une horloge, un chronomètre ou un sablier pour montrer à votre fils à quel moment la suspension prendra fin et dites-lui que vous ne lui parlerez pas avant.

Q **Ma fille crie et a des accès de colère pendant la suspension de renforcement. Que puis-je faire ?**

R Même si cela est difficile, ne vous occupez pas de ses crises. Si celles-ci constituent un problème à d'autres occasions, jetez un coup d'œil à l'idée 11, « Dompter les accès de colère ». Dites à votre fille que vous ne commencerez à compter les minutes de la suspension de renforcement que quand sa crise aura pris fin. Lorsqu'elle aura compris que la suspension se termine plus rapidement si elle est silencieuse que si elle est en colère, elle arrêtera de crier.

21

Des vacances agréables

Maman espère pouvoir se relaxer et profiter des soins d'un centre de santé, papa rêve d'aventure, et les enfants, qui ne veulent que s'amuser, protestent contre la nourriture bizarre et les vêtements griffés. Comment pouvez-vous, dans un tel contexte, vivre des vacances inoubliables ?

Les brochures sur papier glacé des voyagistes vendent du rêve : une longue plage déserte, une mer chaude, des cocktails et un miniclub. La réalité : un hôtel en construction, des plages surpeuplées et un miniclub dirigé par un adolescent qui n'a pas le talent requis pour occuper les enfants pendant que les parents lisent un roman ou sirotent une sangria.

Comment améliorer la situation ? Lorsque vous réserverez vos prochaines vacances, sachez exactement ce dont vous avez besoin pour plaire à toute la famille. Pour commencer, faites trois vœux. On dirait un conte de fées, mais avouez que des vacances enchanteresses, ça a quelque chose de magique… Demandez aux membres de la famille de formuler aussi trois souhaits qui rendraient leur voyage vraiment agréable. Les jeunes enfants seront heureux de procéder ainsi. Cependant, si vos plus vieux et votre conjoint trouvent cette façon de faire enfantine, invitez-les simplement à noter trois choses qu'ils jugent essentielles pour que leurs vacances leur plaisent réellement. Une fois les listes terminées, comparez-les. Vous serez surpris du nombre d'idées qui se recoupent !

Les Poitras ont l'habitude de choisir des forfaits vacances pas trop chers, au bord de la mer. Ils souhaitent que les enfants apprécient le miniclub, mais, l'année dernière, ils se sont rendu compte que ça n'allait pas. « Je voulais me reposer sur la plage, mon mari avait envie de faire des excursions et de jouer au tennis, et les enfants ne cessaient de nous demander de construire des châteaux de sable avec eux, dit Mélanie. J'ai fini par leur faire du chantage en leur disant que, s'ils me laissaient prendre du soleil une demi-heure, je jouerais avec eux le reste de l'après-midi. Tout le monde a fini par être malheureux et mécontent. » La famille a décidé d'agir différemment cette année.

Chacun des membres de la famille Poitras a noté les trois choses qui lui tenaient le plus à cœur pour que les vacances soient réussies. Ils se sont entendus pour préparer le voyage en fonction du souhait le plus populaire et d'inclure un des vœux de chacun des autres membres pendant au moins une journée. Les trois enfants désiraient aller à un endroit où ils pourraient s'amuser et faire des activités différentes de celles qu'ils pratiquent à la maison. Ils souhaitaient aussi que leurs parents passent du temps avec eux. La mère, quant à elle, voulait se délasser en prenant un verre au bar, avoir une gardienne et aller à la plage.

ON PLONGE !

En raison des changements de pression dans la cabine, surtout au décollage et à l'atterrissage, les enfants peuvent avoir mal aux oreilles en avion. Pour éviter ce problème, donnez-leur du jus ou du lait, qu'ils pourront aspirer d'une bouteille, d'un verre à bec ou à l'aide d'une paille. Offrez aux plus vieux des bonbons qui fondent lentement. Autre suggestion : lorsque vos bambins n'ont plus envie de regarder par le hublot, occupez-les quelque temps en leur demandant de nettoyer ce dernier avec une lingette.

DE FIL EN AIGUILLE

Il n'est pas nécessaire que les déplacements avec les enfants tournent au cauchemar. Lisez l'idée 9, « Quand est-ce qu'on arrive ? ».

Comme la baignade était sur la liste de tout le monde, la famille en a fait sa priorité et est allée à la mer, où tout le monde a pu se baigner. À l'inverse des années précédentes, les Poitras se sont installés dans un condo, pour pouvoir manger ce qu'ils voulaient au moment où ils le désiraient. Les enfants se sont amusés sur le circuit intérieur de courses de voitures électriques, tandis que leurs parents se relaxaient dans le jacuzzi. Le père a fait de la plongée en apnée durant deux jours, pendant que la mère s'amusait avec les enfants. Celle-ci a ensuite passé deux jours à se faire bichonner au centre de soins de santé. Le samedi soir, les enfants sont allés voir un film présenté par le club de l'endroit, tandis que leurs parents allaient prendre un verre dans un bar. Ces vacances ont été les plus belles de leur vie, même si cette destination n'avait jamais figuré parmi leurs choix auparavant.

NE PAS OUBLIER LA BROSSE À DENTS

Si vous espériez trouver dans ce livre une liste des effets à emporter, vous serez déçu. Vous connaissez votre famille et l'endroit où vous allez ; nous n'avons donc pas à vous dire si vos enfants auront besoin de t-shirts, de manteaux à capuchon, de ceintures, de bikinis, de mitaines en laine ou de lunettes de soleil. Nous pouvons tout de même vous rappeler que les motifs fleuris attirent les abeilles et les guêpes, et que les moustiques qui propagent la malaria raffolent du bleu.

ON PLONGE !

Au moment des derniers préparatifs, alors que les enfants sont impatients de partir, vous pouvez les occuper en leur faisant préparer un message à mettre à la mer. Voici comment procéder : les enfants enlèvent l'étiquette d'une bouteille de vin ou d'eau vide, rédigent leur message (avec noms et adresse), puis le mettent dans la bouteille. Ils bouchent celle-ci avec un bon morceau de cire à bougie ou de ruban-cache. Une fois à la plage, ils pourront lancer leur bouteille dans l'océan. Vous n'allez pas à la mer ? Pas de problème. Vos petits lâcheront leur flacon dans une rivière ou dans un autre cours d'eau. Vous pourriez par ailleurs laisser à la maison une réponse à leur message, qu'ils trouveront à leur retour !

VOS QUESTIONS, NOS SOLUTIONS

Q **Lorsque nous partons en voyage avec nos enfants, ils rechignent à l'idée de manger autre chose que des croustilles. Nous allons au Mexique cette année. Que pouvons-nous faire pour les inciter à accepter la nourriture locale ?**

R Comme vous le savez, les enfants adorent leurs habitudes. Préparez-les au voyage en les amenant dans un restaurant mexicain ou, du moins, dans un restaurant où ils pourront manger des tacos. Ainsi, ils connaîtront ce type de mets lorsque vous serez au Mexique.

22

Le plaisir de manger

Il y a des capricieux et des amateurs de malbouffe dans votre famille ? Nous allons vous aider à en faire rapidement des êtres capables de dévorer leur nourriture à belles dents.

Nous sommes ce que nous mangeons, et nous devenons ce que nous avons mangé. Bien sûr, l'exercice entre en ligne de compte, mais ce qui compte vraiment, ce sont les repas, et surtout ce que nous ingérons entre les repas. C'est encore plus vrai pour les enfants. Les aliments qu'ils consomment dans leur jeunesse influent sur leur avenir.

LA RECETTE DU SUCCÈS

Voici quelques règles de base pour que les repas restent un moment agréable et convivial pour vous comme pour vos rejetons.

À l'heure des repas

Les jeunes enfants ont souvent des caprices alimentaires, mais, en général, ils peuvent les surmonter rapidement. Durant trois jours, le petit Thomas a refusé de manger autre chose que du yogourt. Patricia, sa maman, a bien géré la situation ; elle n'en a pas fait un drame. L'enfant a fini par succomber à un sandwich à la confiture en forme de cœur que Patricia avait préparé à l'aide d'un emporte-pièce. Quant aux plus vieux, s'ils se montrent difficiles en ce qui concerne la nourriture, ils peuvent vous causer plus de problèmes. Pour atténuer les conflits, permettez-leur de choisir entre deux mets. Mais attention : ne préparez que celui pour lequel ils auront opté, et veillez à ce que ce plat soit nutritif.

Ne demandez à votre enfant ce qu'il veut manger que si c'est lui qui fait les achats.

FRAN LEBOWITZ,
écrivaine et
femme d'esprit

Pour bien commencer la journée

Les enfants qui déjeunent réussissent mieux que les autres à l'école. Comme ils sont moins fatigués au milieu de la journée, ils peuvent mieux se concentrer. Il arrive cependant que les enfants soient trop endormis le matin pour manger leur bol de céréales. Offrez-leur alors une banane et une petite boîte de raisins, qu'ils pourront emporter et manger en route.

De nouveaux plats

Comme vous le savez, les préados tiennent à leurs habitudes. Ils ne s'en lassent jamais. Certains aiment essayer de nouveaux aliments, mais la plupart sont méfiants. Comment faire faire à votre enfant la transition entre des bâtonnets de poisson et des frites, et un filet de saumon et des linguines ? Introduisez un nouvel aliment dans un de ses mets préférés. Par exemple, ajoutez des olives à sa pizza favorite. Vous pouvez aussi incorporer, dans un plat qu'il aime, un ingrédient légèrement différent de ce à quoi il est habitué : servez-lui un hamburger fait de viande sauvage ou des spaghettis avec une sauce à la dinde.

Les bonnes manières à table

Il faut commencer tôt à enseigner aux enfants à avoir de bonnes manières à table… tout en rendant la chose amusante. Dessinez sur une feuille (de la taille d'un napperon) une assiette et des couverts, en les disposant comme si vous étiez à table. Demandez à vos enfants de les colorier, puis faites-les plastifier. À l'aide de ces napperons personnalisés, même les jeunes enfants peuvent

ON PLONGE !

Les additifs présents dans les mets préparés vous inquiètent ? Qu'à cela ne tienne : doublez les quantités lorsque vous faites une recette, puis congelez les restes. Ainsi, votre congélateur sera toujours bien garni de mets préparés à la maison. Une autre idée : mettez toujours à la disposition de vos enfants des raisins, des fruits séchés, des noix ou des fruits frais. Ainsi, ils se laisseront moins tenter par les croustilles ou les bonbons, et vous pourrez demeurer fidèle à votre résolution de ne consommer de la malbouffe qu'à l'occasion.

Donner du lait aux enfants : voilà le meilleur investissement que puisse faire une communauté.

WINSTON CHURCHILL

135

apprendre à mettre la table. Si un de vos petits vous parle quand il a la bouche pleine, ne répondez pas à ses propos. Il se rendra bientôt compte que vous conversez avec ses frères et sœurs quand ceux-ci n'ont pas d'aliments dans la bouche, et il saura comment se comporter.

Les bonbons

S'il est inutile de priver les enfants de bonbons à longueur d'année, ce n'est pas une bonne idée de leur en offrir tous les jours. Réservez un moment spécial pour les bonbons, faites-en une gâterie occasionnelle ou donnez-en de temps en temps à vos bambins comme récompense, lorsque leurs devoirs sont terminés.

Voici la règle d'or à respecter lorsqu'on élève des enfants : mentir. Mentez à votre mère, à vos sœurs, à vos tantes et, surtout, à toutes les mères que vous rencontrez. Lorsqu'une mère peu expérimentée vous demande des conseils, dites-lui que vous n'avez jamais eu de problème et que votre bébé a aimé ses bananes en purée dès la première bouchée.

ELINOR GOULDING SMITH, The Complete Book of Absolutely Perfect Baby and Child Care

---

DE FIL EN AIGUILLE

Pourquoi ne pas habituer vos enfants à faire la cuisine lorsqu'ils sont très jeunes? Vous pouvez leur confier des tâches simples, comme celle consistant à saupoudrer du fromage sur les spaghettis. Lorsque vous confectionnez un gâteau, faites-les participer. Ils adoreront lécher la pâte sur les spatules et dans les bols. Vous pouvez aussi leur permettre de préparer leurs propres petits gâteaux. Vos préados en ont assez d'avoir toujours les mêmes sandwichs dans leur boîte à lunch? L'idée 43, « De jeunes chefs », pourra satisfaire même les plus gros appétits.

VOS QUESTIONS, NOS SOLUTIONS

Q **William, notre fils de trois ans, fait durer les repas pendant des heures ; il faut se battre avec lui pour lui faire avaler la moindre bouchée. Nous n'avons jamais eu ce problème avec ses sœurs aînées.**

R Pourquoi ne pas limiter la durée du repas ? Laissez-lui vingt minutes, que vous compterez à l'aide de la minuterie de la cuisinière. Dès le départ, avertissez votre fils de cette initiative, puis enlevez-lui son assiette lorsque le temps est écoulé. Quand il se rendra compte que vous ne plaisantez pas, la guerre des repas prendra fin.

Q **Clara, qui a six ans, ne finit jamais son assiette. Quel gaspillage ! Que puis-je faire ?**

R Vous pourriez réduire ses portions. Si elle se plaint que son assiette est moins pleine que celle de son jeune frère, dites-lui que vous allez lui servir une seconde portion si elle termine la première.

Q **Florence ne mange pas de brocoli ; en fait, elle ne consomme presque pas de légumes verts. Elle a maintenant onze ans. Nous pensions qu'en grandissant elle finirait par mettre de côté ses caprices.**

R Ne vous en faites pas. Les enfants qui ne mangent pas de chou ne deviennent pas des imbéciles, comme le croyaient nos grands-mères. Au lieu de forcer votre fille à consommer certains légumes précis, faites-lui manger cinq portions quotidiennes de n'importe quel fruit ou légume. Ce n'est pas aussi difficile que vous le pensez, surtout si vous incluez du jus dans son menu. Offrez-lui des fruits et des légumes de différentes couleurs. Beaucoup de préados adorent les tomates cerises, les poivrons, les patates douces. Vous pouvez aussi subtilement incorporer un peu de panais à votre purée de pommes de terre. Votre fille pourrait également essayer les poireaux miniatures, les pois mange-tout et les pois verts. Si rien de tout cela ne fonctionne, ajoutez en douce quelques légumes en purée à votre ragoût de poulet.

23

Savoir écouter

Vous voulez que vos enfants vous écoutent ? Inutile de leur crier des bêtises par la tête à en perdre la voix. Essayez plutôt les trucs suivants. Vous verrez qu'il n'est pas si compliqué de communiquer avec vos enfants.

Vous souvenez-vous de la dernière fois où vous avez écouté vos enfants ? Vous croyez tout savoir d'eux ? Vous savez ce qui les embête ? Vous connaissez leurs passions, leurs craintes et leurs rêves ?

Les parents d'expérience savent qu'en étant à l'écoute de leurs enfants ils peuvent prévenir bien des malentendus, les pousser à se confier à eux, et encourager la confiance et le respect mutuels. Savoir écouter a un autre gros avantage : en suivant l'exemple de leurs parents, les enfants apprennent eux aussi à écouter. Malheureusement, l'écoute semble être un art en voie de disparition. Qui entend les personnes qui parlent à n'en plus finir dans leurs cellulaires ? Est-il possible d'apprendre à écouter ? Nous le pensons. Voici comment.

SE TAIRE ET ÉCOUTER

Il est plus difficile de consacrer son attention à une personne que de parler. Les bébés et les jeunes enfants acquièrent naturellement le langage : les sons abstraits finissent par correspondre à des mots qui désignent des personnes ou des objets familiers. Vous pouvez aider votre bambin en lui faisant répéter des mots jusqu'à ce qu'il les prononce correctement. Les bébés qui ont l'impression que personne ne les écoute finissent par ne plus faire d'efforts pour s'exprimer.

L'enfant acquiert ensuite quelques notions de grammaire. Il importe alors de le laisser finir ses phrases. Il peut être tentant de l'interrompre quand vous savez ce qu'il veut dire, mais, à la longue, il apprendra mieux si vous savez vous taire quand il le faut. Passez au moins dix minutes par jour à écouter chacun de vos enfants ; ainsi, vous éviterez des crises.

ON PLONGE !

Si vos enfants vous interrompent pendant que vous lisez ce livre, ne faites pas semblant de les écouter. Dites-leur plutôt que vous êtes en train de faire quelque chose d'important. Demandez-leur de revenir dans cinq minutes et expliquez-leur que vous aurez alors le temps de bien écouter ce qu'ils ont à vous dire. Si vous ne les écoutez qu'à moitié, ils agiront de même avec vous.

Docteure Paula Menyuk et ses collaborateurs ont découvert que les parents qui fournissent à leurs bébés un flot continuel d'information ne les aident pas nécessairement. Cependant, ceux qui laissent à leurs petits des occasions de « parler », qui écoutent leurs babillages et qui y répondent, permettent à leurs bébés d'acquérir tôt de grandes capacités langagières.

JANE E. BRODY, chroniqueuse du New York Times
sur les questions de santé

LES DISTRACTIONS

Pour bien écouter vos enfants, vous devez leur consacrer toute votre attention. Il est donc utile d'exclure ce qui peut perturber votre écoute. Éteignez la radio ou la télé et interrompez ce que vous êtes en train de faire à l'ordinateur. Si vous êtes absorbé par les mille et une choses dont vous devez vous occuper au cours de la journée (problèmes de bureau à régler, souper à préparer, actualités à regarder, etc.), vous ne pourrez les écouter attentivement. Par ailleurs, il vous sera plus difficile de les écouter si vous êtes en colère, d'humeur maussade, nerveux ou déprimé. En passant, si vous connaissez un moyen de faire fi de toutes ces distractions, laissez-le-nous savoir : nous serons heureux d'écrire avec vous un livre sur la débrouillardise… Mais revenons aux choses qui nous occupent : si vous voulez consacrer votre attention à l'un de vos enfants, allez faire un tour dehors avec lui.

DE FIL EN AIGUILLE

Vous avez essayé l'idée 10, « Une histoire avant d'aller au lit » ? Profitez de cette occasion pour écouter ce que votre enfant retient de chaque conte.

COMMENT S'Y PRENDRE ?

Aux funérailles d'un ami, le prêtre a affirmé que le défunt était le genre de personne à se coucher sur le tapis pour jouer avec ses petits-enfants. Cela dit, il n'est pas nécessaire d'attendre d'être grand-parent pour bien faire. En vous mettant au niveau de vos enfants sur les plans physique et psychologique, vous apprendrez à voir le monde à leur façon. Vos petits seront alors réceptifs et enclins à partager. Une autre priorité : il vous faut connaître les noms des meilleurs amis de vos enfants.

ÉCOUTER ENTRE LES LIGNES

On apprend beaucoup des enfants en observant leur langage corporel. Vous savez sans doute que la nervosité, la tristesse et la peine s'expriment avec le corps avant de se traduira en mots. Les préados, eux, interprètent le langage

corporel des adultes ; il importe donc de regarder vos enfants lorsque vous leur parlez. Même les bambins savent que, quand leur mère les regarde avec insistance, elle est en train de leur accorder toute son attention. Assoyez-vous ou accroupissez-vous pour être à la hauteur de votre enfant, et souriez-lui.

SAVOIR ÉCOUTER LES PLUS VIEUX

Parfois, les enfants, et même les adultes, disent des choses qui semblent ridicules. Ils ne réussissent pas à bien exprimer leur idée ou leur pensée. Dans de tels cas, il est plus profitable de les écouter et de faire preuve de patience que de leur asséner des répliques sèches du genre : « Je ne sais pas de quoi tu parles. » Les idées se bousculent parfois dans la tête des enfants ; la personne qui saura les écouter les aidera à mettre de l'ordre dans leurs pensées. Si vous ne comprenez pas exactement ce que veut dire votre fille, reformulez ses propos dans vos mots. Elle aura ainsi la chance de clarifier son discours. En posant des questions à vos enfants, vous les encouragez à en dire davantage. Même si leurs aspirations et leurs rêves vous semblent farfelus, écoutez-les avec attention.

NE PAS ÊTRE NÉGATIF

Évitez de crier depuis le haut de l'escalier ou depuis une autre pièce. Évitez les critiques, les tons brusques, autoritaires, harcelants. Ne faites pas de sermons et ne répétez pas toujours les mêmes choses. D'autres générations de parents ont agi ainsi, mais cela n'a pas toujours bien fonctionné.

VOS QUESTIONS, NOS SOLUTIONS

Q **Je trouve difficile de m'intéresser aux discussions de mes enfants. Ils parlent sans cesse des mêmes choses. À petite dose, ça va, mais, lorsqu'ils sont avec moi toute la journée, ils me rendent dingue.**

R Ils aimeraient que vous vous intéressiez à eux, mais on dirait qu'ils manquent royalement leur coup. Efforcez-vous de vous intéresser à ce qui leur plaît, sinon ils continueront de dire des bêtises pour vous faire réagir.

Q **Lorsque je ne suis pas à l'écoute de ma fille de trois ans, elle me le fait remarquer.**

R Au moins, elle se sent assez proche de vous pour se donner la peine de vous le faire savoir. Dites-lui que vous êtes désolée, sans vous excuser pour autant, et demandez-lui de vous répéter ce qu'elle vient de vous dire ; cette fois, accordez-lui toute votre attention.

Arthur : « Dans des moments comme celui-ci, j'aimerais bien avoir écouté ma mère. »
Ford : « Pourquoi ? Que disait-elle ? »
Arthur : « Je ne le sais pas. Je ne l'ai jamais écoutée. »

DOUGLAS ADAMS, The Hitchhikers' Guide to the Galaxy

24

Personne ne m'aime

On a oublié d'inviter votre enfant à une fête. Que faire lorsqu'il vous affirme que personne ne l'aime ?

Les amis apprennent aux enfants à collaborer, à partager, à résoudre des problèmes et à prendre en considération le point de vue des autres. Le genre de copains que se font les préados ont des effets durables sur leurs relations et sur leur bien-être affectif.

Les préadolescents qui sont incapables de se faire des amis ou de les garder risquent davantage que leurs camarades d'abandonner leurs études, de rater des cours ou de faire une dépression à l'adolescence.

Souvent, les enfants qui souffrent de cette lacune sont moins confiants et moins sociables que ceux qui ont du succès. Il vaut la peine de montrer à ces jeunes comment s'y prendre pour aborder les autres et pour les inviter à jouer avec eux. Les jeux de rôles constituent un bon moyen de les aider. Si vous avez un enfant qui se sent esseulé, demandez-lui les noms de jeunes qu'il aimerait mieux connaître et ce qui l'intéresse chez eux. Aidez-le à préparer des questions ouvertes sur ces sujets, puis permettez-lui de s'exercer à en discuter avec vous ; il sera ensuite plus à l'aise avec les autres. À la lumière de ce qui se produit, réconfortez votre enfant ou félicitez-le.

Les enfants timides évitent souvent de regarder les autres dans les yeux ou de leur sourire. Si c'est le cas de l'un des vôtres, demandez-lui comment il se sent quand on lui sourit. Encouragez-le à sourire aux personnes avec qui il voudrait se lier d'amitié.

Enseignez à votre enfant la signification de l'expression « chacun son tour ». Alice, qui a sept ans, se plaignait que personne ne voulait jouer avec elle. En discutant avec la responsable des dîners à l'école, la mère de la fillette s'est rendu compte que celle-ci voulait toujours mener les autres enfants à la baguette et leur dire quoi faire. La maman a donc proposé à sa fille d'agir différemment : elle lui a suggéré de demander à ses amies ce qu'elles désiraient faire à la récréation. Ce n'est qu'un début, mais Alice apprend l'importance de faire des concessions et découvre que les autres enfants ont aussi de bonnes idées.

Il faut parfois aider vos enfants à faire face à une dure réalité : tout le monde ne peut être leur ami. L'amitié va dans les deux sens. Si un petit ne veut absolument pas devenir leur copain, il n'y a pas grand-chose à faire. Pour leur faire comprendre la situation, vous pouvez leur donner des exemples de personnes qui ont refusé votre amitié dans le passé. Ils verront que, manifestement, vous avez survécu à cette épreuve.

ON PLONGE !

Observez vos enfants au terrain de jeu. Les petits qui se moquent des autres, qui les poussent ou qui les malmènent finissent par être mis à l'écart. Les jeunes agressifs ont appris à obtenir ce qu'ils veulent en harcelant les autres ; par exemple, ils font parfois tomber leurs camarades pour pouvoir utiliser la balançoire. À la longue, les autres enfants se mettent à éviter ces petits malcommodes.

Par ailleurs, il est bon d'enseigner le plus tôt possible aux enfants la différence entre questions ouvertes et questions fermées. Dressez une liste des deux types de questions, puis demandez à vos enfants de vous poser les deux. Proposez-leur ensuite de préparer leurs propres exemples de questions. En cours de route, ils apprendront qu'il est plus facile de se faire des amis en posant des questions comme « Comment joue-t-on à ce jeu ? » ou « Qu'est-ce que tu aimes faire ? » qu'en demandant « Quelle est ta couleur préférée ? » ou « As-tu un chat ? »

DE FIL EN AIGUILLE

Certains enfants perdent leurs amis à un rythme effarant parce qu'ils ne savent pas ce que veut dire « chacun son tour » ou parce qu'ils sont mauvais perdants. Les petits doivent s'exercer à cultiver de bonnes relations. Pourquoi ne pas les faire participer à « Des jeux pour tout le monde » ? Lisez l'idée 15.

... ET ENCORE

Les préados qui ont de la difficulté à se faire des amis parce qu'ils n'aiment pas vraiment bavarder auront plus de succès s'ils axent leurs relations sur certaines activités ou sur certains sports. Lisez l'idée 25, « L'esprit sportif ».

Les grandes personnes aiment les chiffres. Quand vous leur parlez d'un nouvel ami, elles ne vous questionnent jamais sur l'essentiel. Elles ne vous disent pas : « Quel est le son de sa voix ? Quels sont les jeux qu'il préfère ? Est-ce qu'il collectionne les papillons ? » Elles vous demandent : « Quel âge a-t-il ? Combien a-t-il de frères ? Combien pèse-t-il ? Combien gagne son père ? » Alors seulement elles croient le connaître.

ANTOINE DE SAINT-EXUPÉRY,
Le Petit Prince

VOS QUESTIONS, NOS SOLUTIONS

Q

R

Mon fils Adam se dispute souvent avec son meilleur ami, Félix. Comment pouvons-nous les aider à mieux s'entendre ?

Soyez attentif à ce que ressent votre fils lorsque se produisent ces disputes, mais ne lui donnez pas l'impression que vous voulez vous en mêler. Il est préférable d'éviter de s'immiscer dans les disputes entre enfants, dans la mesure où elles n'entraînent ni violence physique ni intimidation. En affirmant à Adam que lui et Félix réussiront à se réconcilier, vous l'aiderez à apprendre à résoudre des conflits.

Q

R

Notre fils Mathieu, qui est diabétique, se sent différent des autres enfants de sa classe. Il veut s'intégrer au groupe, mais il a l'impression que personne ne le comprend. Comment pouvons-nous l'aider à se faire des amis ?

Aidez-le à transformer en force ce qu'il croit être une faiblesse. Il pourrait par exemple présenter un exposé sur le diabète, dans lequel il ferait part à ses camarades de ses connaissances sur le pancréas et la nutrition. Montrez-lui à se faire ses injections d'insuline ailleurs qu'à l'école, pour qu'il soit moins embarrassé devant ses amis. Il serait également profitable pour lui de rencontrer d'autres enfants diabétiques. Nous vous suggérons donc d'entrer en contact avec des familles qui sont aux prises avec cette maladie, par l'entremise d'associations de votre région. Beaucoup d'entre elles organisent des camps de fin de semaine ou de vacances, où votre fils pourrait côtoyer des enfants qui ont le même problème que lui. Ceux-ci pourraient lui montrer comment ils s'y prennent pour se faire des amis.

Chaque ami représente un monde, un monde qui ne s'ouvre qu'au moment de la rencontre avec cet ami.

ANAÏS NIN

25

L'esprit sportif

Que votre enfant joue au soccer ou fasse partie de l'équipe d'athlétisme de son école, aidez-le à acquérir un bon esprit sportif.

Les jeunes sportifs ont un avantage sur leurs camarades obèses ou paresseux : ils apprennent à attendre leur tour, à se faire des amis, à prendre des risques. En outre, ils sont plus agiles et moins déprimés que les autres. En tant que parent, vous pouvez vous aussi profiter de l'inclination de vos enfants pour le sport. En effet, ceux-ci seront occupés quelques-uns des soirs de la semaine, et peut-être aussi une bonne partie de la fin de semaine.

Votre attitude quant au désir de vos enfants de faire partie d'une équipe de soccer, d'un club d'athlétisme ou d'une école de judo dépend de la façon dont vous considérez ces activités. Cependant, même si vous détestez tout ce qui touche aux sports, vous reconnaîtrez qu'il est préférable de voir vos enfants courir avec leurs camarades que de les voir passer des heures devant la télé.

Comme vous le savez, les jeunes d'aujourd'hui sont moins en forme que ceux de la génération précédente ne l'étaient, et l'obésité touche de plus en plus d'enfants. Une solution à ce problème se trouve dans les sports d'équipe, qui encouragent les jeunes à travailler ensemble et leur apprennent à accepter le succès comme la défaite. Beaucoup d'enfants détestent le baseball ; heureusement, la plupart des municipalités offrent une panoplie d'autres activités sportives. Les clubs d'escrime, de voile, de canoë-kayak, de course d'orientation – le choix est illimité ! – tiennent à initier les enfants à ces activités le plus tôt possible. Ces dernières plaisent souvent beaucoup aux enfants qui préfèrent les sports individuels aux sports d'équipe. Qui sait ? L'une de ces activités pourrait vraiment convenir aux goûts de votre enfant.

Les sports organisés hors de l'école donnent aux préados l'occasion de se créer un nouveau réseau de relations. Cette situation est tout à fait enviable lorsqu'un enfant est en butte aux railleries des monstres de sa classe. Les amitiés bâties pendant que les jeunes pratiquent des activités communes durent souvent longtemps, ce qui est bon pour les enfants qui sont timides ou qui manquent d'assurance. À titre d'exemple, considérez les fils de Marc et Nathalie : leur vie s'est transformée quand ils se sont mis à la course à pied. Ils font de la course sur piste l'été et de la course de fond l'hiver. Depuis que leurs garçons sont membres d'un club, Marc et Nathalie ont plus d'amis qu'avant, car ils ont forgé des liens

ON PLONGE !

Pendant les vacances, certains organismes proposent des cours d'initiation à diverses activités. Un de ceux que nous connaissons offre une vingtaine de séances qui sont réparties sur cinq jours et qui touchent différents sports : tir à l'arc, judo, escrime, motoquad, voile, etc. Les enfants ont ainsi un avant-goût de chaque activité, sans avoir le temps de s'en lasser. S'ils découvrent un sport qui les intéresse vraiment, ils pourront ensuite s'y inscrire et avoir un jour la chance d'y exceller.

avec d'autres parents. Et la situation présente un avantage écologique : les adultes font du covoiturage à l'occasion des compétitions qui ont lieu à l'extérieur.

COMMENT SE RENSEIGNER ?

Nous vous suggérons de commencer vos recherches à la bibliothèque de votre quartier. Les banques de données informatisées des bibliothèques renferment des renseignements sur tous les sports possibles et imaginables organisés dans votre région. Vous pouvez aussi vous renseigner auprès d'autres parents, d'enseignants de l'école ou d'autres enfants.

N'EST-CE PAS DANGEREUX ?

Certains parents, en général ceux qui détestaient les sports lorsqu'ils étaient jeunes, tiennent à protéger leur progéniture contre les risques inhérents au sport. Cette crainte n'est pas justifiée, mais il est vrai que certains enfants ont une meilleure coordination que leurs camarades, qu'ils peuvent courir plus vite ou qu'ils sont plus forts. D'autres, dont le talent naturel est médiocre, tentent de combler leurs insuffisances par la tricherie et la fourberie ; bien sûr, ils se rendront vite compte qu'il leur faut plutôt avoir recours à leurs qualités s'ils veulent pratiquer des sports individuels ou collectifs. Par ailleurs, il existera toujours des enfants qui préfèrent faire du bricolage ou se peindre les ongles. Laissez-les faire. Mais sachez que ceux qui ont plein d'énergie à dépenser et qui s'adonnent au sport seront fatigués le soir venu et dormiront mieux.

DE FIL EN AIGUILLE

Alors, votre petit Xavier déteste le football et le hockey ? Ne vous en faites pas. Jetez un coup d'œil sur l'idée 48, « Des œuvres d'art » ; votre fils pourrait y trouver des activités qui sont tout à fait dans ses cordes.

Tôt ou tard, le sport nous met devant des situations difficiles. Dans la vraie vie […], nous pouvons jouer à cache-cache avec la réalité et réussir à ne jamais nous montrer sous notre vrai jour. Dans le sport, c'est impossible […]. Par conséquent, celui-ci est le moyen le plus remarquable de nous faire découvrir nos limites aussi bien que nos talents.

Sir ROGER BANNISTER

LA NATATION

Vous pourriez sauver la vie de vos enfants en leur apprenant à nager dès leur plus jeune âge. La plupart des écoles offrent des cours de natation, mais vos petits auront une longueur d'avance sur les autres si vous leur avez déjà montré à se débrouiller dans l'eau. Il est plus agréable d'apprendre à nager avec un parent qu'en groupe. Les jeunes qui ne craignent pas de se mouiller peuvent s'adonner à une multitude de sports nautiques, comme le water-polo ou le hockey subaquatique. Ce sport, qui a été inventé en Angleterre, est maintenant offert aux jeunes Québécois. Vos enfants pourraient même vouloir s'initier à la plongée sous-marine...

VOS QUESTIONS, NOS SOLUTIONS

Q Désolé, mais j'ai toujours détesté et je détesterai toujours les sports. Malheureusement, mes jeunes ne partagent pas mon point de vue. Lorsque j'étais enfant, il y avait du hockey et du baseball à mon école ; maintenant, je dois me taper les matchs de soccer de mes enfants. Je ne comprends rien à ce sport. Avez-vous des conseils à me donner ?

R Ne vous en faites pas : la plupart des parents qui regardent leurs enfants jouer au soccer n'y comprennent rien. Tenez-vous-en à étudier la règle du hors-jeu et faites-en mention de temps en temps pour redorer votre image. Au moins, vous éviterez d'avoir l'air idiot !

26

Ce n'est pas mon tour

Bien des parents deviennent les personnes à tout faire sans, bien sûr, recevoir la moindre rémunération de leurs enfants. Vous pensez ne rien pouvoir y changer ? Faux. Par la même occasion, vos enfants apprendront à devenir plus gentils et plus autonomes.

Commencez tôt leur apprentissage. Une mère de notre entourage croyait son enfant encore trop jeune pour effectuer des corvées. Ensuite, il est devenu trop occupé, puis il a exprimé son manque d'intérêt pour les tâches ménagères. Finalement, il est devenu un jeune homme gâté. À vingt-deux ans, il est revenu à la maison après avoir obtenu son diplôme universitaire. Personne ne voulait partager un appartement avec un être si paresseux, qui ne faisait jamais la vaisselle. Il est donc retourné vivre chez maman.

LA LISTE DES CHOSES À FAIRE

En matière de tâches ménagères, voici la meilleure façon de fonctionner : demandez à vos enfants de dresser eux-mêmes la liste des corvées à effectuer. Étant donné qu'ils auront ainsi un rôle actif dans l'organisation, ils ne considéreront pas le travail à faire comme une corvée que vous leur imposez. Voici une liste des tâches que peuvent effectuer les enfants selon leur âge. À vous de l'adapter à vos besoins.

Âge	Tâche
2	Ramasser les jouets qui traînent sur le plancher
3	Aider à dresser la table
4	Aider à ranger les aliments achetés à l'épicerie
5	Donner l'eau et la nourriture aux animaux de compagnie
6	Faire son lit
7	Arroser les plantes
8	Coudre un bouton
9	Nettoyer le lavabo, la baignoire et les toilettes
10	Décharger la laveuse et mettre les vêtements sur la corde à linge
11	Préparer son lunch
12	Faire cuire un repas simple

ON PLONGE !

Mettez-vous au troc : lorsque votre enfant voudra que vous fassiez quelque chose pour lui, il devra, en échange, accomplir une tâche. Par exemple, la prochaine fois que votre fils vous demandera de le conduire à sa pratique de soccer, concluez une entente avec lui. Dites-lui que vous irez le mener là-bas dès qu'il aura donné de l'eau et de la nourriture au hamster. Évitez de le harceler au sujet de sa part du marché, mais tenez-vous-en à l'entente conclue. S'il effectue le travail à la dernière minute et qu'il arrive en retard à l'entraînement de soccer, il en tirera une leçon importante en matière de responsabilité.

Dans la mesure du possible, faites choisir à l'enfant les corvées qui lui plaisent le plus. Ne vous inquiétez pas s'il est incapable de les accomplir seul. Faites-les avec lui et déléguez-lui des tâches simples. Au départ, accordez-lui le triple du temps dont vous auriez besoin pour effectuer la tâche. Félicitez-le pour lui donner confiance en lui : il en viendra à faire le travail vite et bien.

L'ATTRAIT DE L'ARGENT

Lorsque vos enfants accomplissent des corvées ménagères, récompensez-les. L'argent est une récompense. Ça ne fait peut-être pas votre affaire de les payer, mais, avant de lever les bras au ciel, pensez à l'autre option que vous avez : leur donner de l'argent de poche chaque semaine et… être leur esclave. Nous vous suggérons d'allouer à vos enfants une rétribution hebdomadaire, assortie d'une fiche indiquant le montant correspondant à chaque tâche effectuée. Cette façon de procéder est un agent renforçateur puissant et apprend aux enfants à s'améliorer. De toute façon, n'est-ce pas ainsi que le monde fonctionne ?

LA QUESTION DES CHAMBRES

Pour régler les disputes concernant l'ordre devant régner dans les chambres à coucher, il vous suffit de vous en tenir aux **2 principes** suivants :

1. Ne rangez pas vous-même les chambres de vos enfants.

2. Fixez-leur des objectifs précis.

En parlant avec des préados qui étaient aux prises avec des discussions sans fin concernant leur chambre à coucher, nous avons découvert qu'ils ne savaient pas comment mettre leur chambre en ordre. Au lieu de leur dire en criant de ranger leur chambre, donnez-leur des indications précises comme : « Enlève les vêtements qui traînent sur le plancher. Mets ensuite les vêtements propres dans la garde-robe, et les sales, dans le panier à linge. » Les premières fois que vos enfants feront le ménage de leur chambre, subdivisez le travail en petites tâches. Demandez-leur, par exemple, de ranger les stylos dans l'étui à crayons et les jouets dans le coffre à jouets. Ensuite, récompensez-les. Si vous procédez de cette manière, vous n'aurez plus jamais besoin de les harceler pour qu'ils rangent leur chambre.

DE FIL EN AIGUILLE

Si l'argent est la seule récompense que vous donnez à vos enfants, vous devrez bientôt prendre une nouvelle hypothèque sur votre maison. Pour avoir d'autres trucs, lisez l'idée 17, « Les récompenses ».

De nouveaux problèmes se produisent chez les générations d'enfants dont les mères ont toujours été présentes, prêtes à les conduire partout et à les aider à faire leurs devoirs : une incapacité à affronter les difficultés, à faire preuve de discipline ou à atteindre un objectif quelconque. Ces enfants souffrent même d'un ennui dévastateur devant la vie.

BETTY FRIEDAN, mère de trois enfants, auteure et porte-parole en matière de droits de la femme

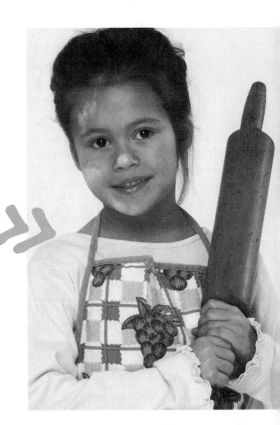

VOS QUESTIONS, NOS SOLUTIONS

Q **Tous les soirs, je dois répéter des centaines de fois à ma fille de desservir la table. Elle ne le fait que lorsque je me mets à crier contre elle. Je déteste ça. Que puis-je faire d'autre ?**

R Ne le lui dites qu'une fois. Assoyez-vous près de votre fille, regardez-la dans les yeux et dites-lui : « J'aimerais que tu desserves la table. » Ne répétez pas votre demande. Si elle n'accomplit pas la tâche, refusez de l'aider à faire quoi que ce soit. Par exemple, si elle vous demande de lui donner un coup de main pour ses devoirs, répondez-lui calmement : « Je vais t'aider dès que tu auras fini de desservir la table. » Si vous vous mettez à crier, elle apprendra qu'elle n'a besoin d'obéir qu'au moment où votre voix dépasse 90 décibels.

Q **Ma femme pense que nous ne devrions pas obliger nos enfants à faire la vaisselle. Elle dit qu'ils en auront bien assez à laver lorsqu'ils seront adultes.**

R Lorsque les parents ne s'entendent pas sur un sujet, les enfants profitent de la situation. Votre femme semble penser que, lorsqu'elle lave la vaisselle, elle fait un geste d'amour à l'égard de vos enfants. Attention : certains parents de notre connaissance ont appris à la dure que tout faire pour leurs enfants n'est pas une preuve d'amour. Jetez un coup d'œil sur l'idée 19, « Être sur la même longueur d'onde ».

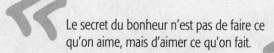

Le secret du bonheur n'est pas de faire ce qu'on aime, mais d'aimer ce qu'on fait.

JAMES BARRIE, romancier et dramaturge, auteur de Peter Pan

27

Parlons de sexe

Pourquoi le pénis durcit-il ? Comment naissent les bébés ? Que veut dire le mot « homosexuel » ? Les papas peuvent-ils avoir des bébés ? Même si ça vous gêne, cessez d'éviter le sujet. Apprenez à assouvir la curiosité de vos enfants.

Aujourd'hui encore, la plus grande partie de l'éducation sexuelle des enfants est faite par des camarades mal informés.

Au lieu de faire croire à vos enfants que les bébés naissent dans des choux ou de leur remettre des dépliants les incitant à l'abstinence sexuelle, parlez-leur régulièrement de sexualité, afin de les préparer à ce qui se passera à l'adolescence. À ce moment-là, ils auront besoin de savoir certaines choses, mais ils n'oseront pas vous les demander. Profitez donc de la situation actuelle : ils ne sont pas encore trop gênés pour vous poser des questions à ce sujet. En renseignant vos préados, vous leur apprendrez aussi à se protéger contre l'exploitation et les abus.

À l'idée de parler de sexualité avec leurs jeunes, la plupart des parents ont envie de rentrer sous terre. Pourtant, ils devraient se sentir à l'aise, car les façons d'aborder le sujet sont aussi multiples que les manières de s'adonner à la chose. En outre, même si ça semble contradictoire, ces conversations ne poussent pas les jeunes à avoir des relations sexuelles tout de suite. Il serait bien étonnant que votre fille tombe enceinte à 14 ans, qu'elle sombre dans la pauvreté et qu'elle devienne chef de famille monoparentale alors qu'elle est encore mineure.

> **ON PLONGE !**
>
> Pourquoi ne pas louer ou acheter un DVD sur l'éducation sexuelle ? Après l'avoir regardé avec vos préados, vous pourriez vous en servir pour discuter en famille des sujets abordés.

En fait, c'est souvent l'inverse qui se produit : les jeunes bien renseignés font de meilleurs choix que les autres. Cependant, abordez la question simplement, car les détails peuvent embrouiller les jeunes. Si le fait d'aborder ce sujet vous embarrasse, admettez-le. Vos jeunes vous sauront gré de votre honnêteté.

ABORDER LA QUESTION FRANCHEMENT

Vous avez dit à vos enfants que ce sujet vous met mal à l'aise. C'est bien, mais que faire ensuite ? Parlez-leur des notions de consentement, de fidélité, d'engagement, de réconfort et de respect entre les partenaires, sinon la sexualité pourrait devenir pour eux un motif de vulgarité, où seule la « mécanique » compte. Vous croyez que la sexualité atteint son apogée lorsqu'elle est pratiquée dans le contexte d'une relation harmonieuse et attentionnée ? Qu'il s'agit de la plus belle façon d'exprimer ses sentiments à une autre personne ? Dites-le à vos enfants. Vous pourriez aussi leur faire savoir que les gens aiment garder secrète cette sphère de leur vie, car elle ne regarde qu'eux.

Pour que la discussion demeure sérieuse, il est bon d'utiliser des termes comme « vagin », « pénis » et « relation sexuelle ». Cependant, assurez-vous que vos enfants connaissent au préalable la signification de ces mots et expressions. Il se peut qu'ils se mettent à ricaner ; n'en faites pas toute une histoire. Soyez explicite. Évitez les euphémismes du genre « le bas du corps ».

Voici quelques suggestions pour vous aider à aborder les questions les plus courantes.

Comment fait-on les bébés ?

Les mamans ont dans leur ventre une grande quantité de petits œufs, qu'on appelle des ovules. Le corps des papas, lui, fabrique des millions de spermatozoïdes minuscules. Les papas et les mamans se font parfois des câlins spé-

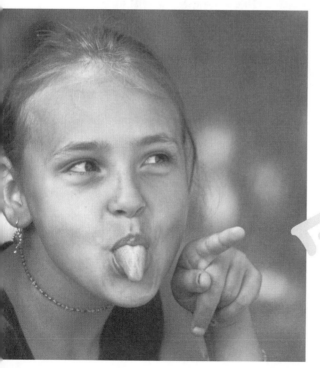

ciaux, réservés aux adultes, pour se rapprocher ; c'est ce qu'on appelle avoir une relation sexuelle ou faire l'amour. Le papa fait entrer son pénis dans le vagin de la maman, puis les spermatozoïdes sortent et vont rencontrer l'ovule. Lorsqu'ils se réunissent, cela peut donner un bébé.

Je ne suis pas assez jeune pour tout savoir.

OSCAR WILDE

Qu'est-ce que la masturbation?

Elle consiste à se caresser le pénis ou le vagin parce que cela est agréable. Les personnes qui désirent se masturber doivent le faire en privé. Celles qui ne le veulent pas sont normales, elles aussi. On ne doit pas obliger quelqu'un d'autre à se masturber.

Que sont les menstruations?

Lorsque les filles grandissent, il se produit un écoulement de sang par le vagin, qui dure environ cinq jours chaque mois. Cela est dû au fait que le corps des adolescentes et des femmes doit nettoyer la paroi de l'utérus lorsque aucun spermatozoïde n'est entré en contact avec un ovule.

Oncle Philippe dit qu'il est homosexuel. Qu'est-ce que ça veut dire?

La plupart des hommes tombent amoureux de femmes, et la plupart des femmes tombent amoureuses d'hommes. Il arrive cependant que des gens tombent amoureux de personnes de leur sexe. On dit d'eux qu'ils sont homosexuels.

Vous comprenez l'idée. Les meilleures réponses sont celles que vous donnez dans vos mots, en utilisant un langage que comprend le reste de la famille. Lorsque vos enfants seront plus vieux, vous pourrez leur expliquer que les relations sexuelles servent parfois à faire des bébés, mais qu'elles sont aussi un moyen pour les membres d'un couple d'exprimer leur amour et de se sentir proches l'un de l'autre.

DE FIL EN AIGUILLE

Vos jeunes subissent de la pression de la part de leurs pairs? Il existe de multiples façons de dire non. Pour en savoir plus, lisez l'idée 33, « Mettre fin à l'intimidation ».

 Comme les parents s'embrouillent dans leurs explications en pensant que leurs enfants sont naïfs !

OGDEN NASH

VOS QUESTIONS, NOS SOLUTIONS

Q

Quand elle me pose des questions sur la sexualité, ma fille emploie des mots vulgaires. Je n'aime pas ce genre de langage. Avez-vous des suggestions ?

R

Nous vous proposons de répondre à ses questions en utilisant les mots appropriés, afin qu'elle apprenne à s'en servir.

Q

Dans ma jeunesse, j'ai été agressée sexuellement par un de mes oncles. Je veux être certaine que cela n'arrivera pas à mes enfants, mais je ne désire pas pour autant les rendre craintifs. Que puis-je leur dire ?

R

Votre histoire est malheureusement assez courante. Profitez du moment où vous aborderez le sujet de l'intimidation (voyez l'idée 33, « Mettre fin à l'intimidation ») pour mettre vos enfants en garde contre les adultes qui prétendent être leurs amis, mais qui veulent leur faire des attouchements sexuels. Expliquez à vos jeunes qu'il ne faut jamais garder secrète une situation de ce genre. Lisez l'idée 39, « Des enfants dégourdis », pour savoir comment aborder la question des secrets et de la sécurité.

28

Les animaux de compagnie

Geckos, hamsters, lézards, perroquets… Les enfants qui aiment les animaux en apprennent beaucoup sur l'amour, la fidélité, l'affection, la reproduction, les bébés, le confort, la maladie, les responsabilités, la confiance, les accidents, la mort et le deuil.

Bien sûr, tous les animaux causent des problèmes. Néanmoins, les avantages thérapeutiques qu'ils procurent aux enfants dépassent de loin les coûts liés à leur achat et aux soins qu'il faut leur donner.

Les jeunes propriétaires d'animaux, qu'il s'agisse d'un chien ou d'une grenouille, ont de meilleures compétences que les autres en communication non verbale, font preuve d'une plus grande compassion et s'absentent moins souvent de l'école. En s'occupant d'un animal, ils développent leur estime de soi et leur confiance en soi. Ils sont plus autonomes, ce qui les aide à devenir des adolescents matures et responsables. Les tout-petits parlent souvent à leur animal et lui confient des secrets. En présence d'un être qui les écoute sans les juger, ils apprennent à bâtir des relations basées sur la confiance.

UNE QUESTION D'ÂGE

Les enfants d'âge préscolaire sont trop jeunes pour s'occuper seuls d'un animal domestique. Ils ont besoin de vous pour leur rappeler de lui donner de l'eau et de la nourriture. Toutefois, dès l'âge de sept ou huit ans, ils peuvent assumer une bonne part des tâches que requiert la présence d'un animal dans un foyer.

UN RONGEUR OU UN REPTILE ?

Lorsque vous aidez vos enfants à choisir un animal de compagnie, demandez-leur d'énumérer ce qui est important pour eux. Comme Ariane voulait nourrir des animaux, son père a mis des têtards dans le bassin extérieur. Chaque jour, les grenouilles viennent se faire nourrir par Ariane. Quant à Olivier, il désirait avoir de la compagnie après l'école ; il est donc fort heureux de pouvoir entraîner son perroquet, Wendy, à parler. Gabriel, lui, avait besoin de réconfort après le décès de sa mère ; son père lui a acheté un chiot qui aime bien se faire caresser.

ON PLONGE !

On n'est jamais trop jeune (ni trop vieux) pour concevoir une nursery de vers de terre. En général, on l'aménage dans un aquarium en verre, mais n'importe quel bocal transparent fait l'affaire. Il existe deux principaux types de vers de terre : ceux qu'on trouve en creusant dans la terre du jardin (ce que votre enfant fera avec plaisir), et les vers de fumier, qui se développent dans le compost et le fumier. Il est important de ne pas utiliser simultanément ces deux sortes de vers.

Déposez dans le contenant des couches de sable et de terre en alternance. Mettez quelques feuilles sur le dessus et ajoutez les vers qu'aura trouvés votre petit explorateur. L'enfant n'aura ensuite qu'à garder le sol humide, puis à regarder les vers ramper dans le bocal et laisser leurs déjections à la surface. Pour assurer la survie des vers, il suffit d'ajouter des feuilles de temps en temps. Attention : l'observation finira par devenir ennuyeuse lorsque les différentes couches se seront mélangées.

Bien sûr, il faut tenir compte des aspects pratiques. On n'achètera pas un grand danois si on vit avec des triplés dans un petit appartement ; même un hamster pourrait alors être de trop. Fudge, le hamster des Dupré, gardait toute la famille éveillée lorsqu'il se mettait à tourner sans fin dans sa roue. Lorsque les enfants voulaient jouer avec lui durant la journée, il dormait ; s'ils le réveillaient, il leur mordillait les doigts. La famille ne savait pas qu'il s'agissait d'un animal nocturne qui allait s'entraîner pour le marathon durant la nuit.

Les poissons

Les poissons sont des animaux de compagnie fantastiques pour les enfants. Ceux-ci prennent plaisir à saupoudrer des graines de nourriture sur l'eau et à regarder leurs poissons manger. Ils peuvent nettoyer l'aquarium à tour de rôle. Avec des poissons, on a aussi l'avantage de pouvoir s'absenter durant une longue fin de semaine ; il suffit alors de mettre dans l'eau une nourriture spéciale. En s'occupant d'un poisson, les enfants acquièrent les vertus de discipline, de patience, de gentillesse et de prévenance.

Les petits animaux

Il s'agit de mammifères comme les rats, les souris et les hamsters. En général, ces animaux ne coûtent pas cher, sont enjoués, prennent peu d'espace et exigent peu de soins. À partir de l'âge de sept ans, la plupart des enfants sont en mesure de nettoyer la cage de leur animal. Les gerbilles sont agréables : elles sont éveillées le jour, sont assez intelligentes, et, surtout, produisent une urine qui ne dégage pas d'odeur. Tous les petits mammifères sont

> Le chien a été créé spécialement pour les enfants. C'est le roi des espiègleries.
>
> *HENRY WARD BEECHER, pasteur presbytérien*

des experts dans l'art de s'échapper et de mordiller les objets. Nous vous conseillons donc de ne pas les garder dans une pièce où il y a des câbles d'ordinateur.

Une vie de chien !

Il y a plus de 350 races de chiens ; le choix ne manque donc pas, et il est facile d'opter pour un animal répondant aux goûts de l'enfant comme au budget des parents. Les chiens adultes provenant d'autres foyers peuvent constituer de bons choix, mais il arrive qu'ils aient des problèmes de comportement, qu'ils soient peu tolérants avec les jeunes enfants et qu'ils essaient de les mordre. Il est donc préférable de choisir un chiot. L'enfant peut participer à son dressage et ainsi s'attacher davantage à son animal. Pensez aussi à toutes les photos que vous pourrez prendre ! Cependant, il est important de vous rappeler que, si vous adoptez un chien, c'est pour la vie. Par conséquent, assurez-vous que votre enfant en désire vraiment un, par exemple en gardant durant quelques jours le chien d'amis partis en vacances.

Mon petit chat

En général, les chats adultes s'entendent bien avec les préadolescents. Ils s'éloignent si ces derniers font trop de bruit et, s'ils ne peuvent plus les supporter, ils vont simplement faire un tour chez le vieux couple sans enfant qui vit à l'autre bout de la rue.

« En général, les enfants qui possèdent un animal ne manquent pas souvent l'école. On observe ces résultats dans toutes les classes, mais surtout au cours des premières années du primaire. Au terme d'une étude, on a remarqué que, dans ces classes, les enfants qui avaient un animal de compagnie avaient profité, au cours d'une année, de 18 demi-journées d'école de plus que ceux qui n'en avaient pas. »

D^re JUNE MCNICHOLAS, psychologue de la santé

Quant aux chatons, ce sont des êtres imprévisibles : ils sont gentils et amusants, mais ils peuvent se mettre à grogner et à griffer sans préavis. Cela constitue tout un défi dans une maison remplie de jeunes.

Serpents, araignées et autres bestioles

Oubliez les stéréotypes. Il n'y a pas que les garçons sérieux qui s'intéressent aux serpents et aux scorpions. Si ces animaux vous dégoûtent, dites-vous que vous vous libérerez rapidement de votre peur des araignées quand vous devrez faire face à la tarentule de votre fils, égarée dans la baignoire. Avant de sortir votre portefeuille pour acheter un animal exotique, demandez-vous néanmoins une chose : quelle taille aura la bestiole lorsqu'elle parviendra à maturité ? Le mignon petit iguane de Tristan mesurait plus de un mètre et demi à l'âge de deux ans...

LA PERTE DE L'INTÉRÊT

Il y a des enfants qui perdent tout intérêt pour leur animal après un certain temps. Comme les parents ont en général un meilleur sens des responsabilités que leur progéniture, ils se retrouvent à devoir s'occuper de l'animal au quotidien. Si possible, évitez dès le début de trop participer aux soins à donner à l'animal ; vous inculquerez ainsi à vos enfants l'habitude de s'en occuper eux-mêmes. Supervisez les tâches au lieu d'y collaborer directement.

DE FIL EN AIGUILLE

Les enfants qui n'ont pas d'animaux peuvent acquérir le sens des responsabilités en s'occupant de plantes. Jetez un coup d'œil sur l'idée 32, « Un jardin à cultiver », pour montrer à vos jeunes comment devenir des jardiniers en herbe.

Les animaux sont de vrais bons amis : ils ne posent aucune question et ne font aucune critique.

GEORGE ELIOT,
Scenes of
Clerical Life

VOS QUESTIONS, NOS SOLUTIONS

Q **Nos fils nous ont harcelés pour avoir un chiot. Depuis que Fido est grand, ils ne veulent plus aller le promener et oublient souvent de lui donner à manger. Que pouvons-nous faire?**

R Lorsqu'on se procure un animal de compagnie, il devient un membre de la famille. Si vos enfants étaient très jeunes à l'arrivée de leur chiot, ils ne le considéraient peut-être que comme un animal en peluche. S'ils ne peuvent ou ne veulent plus s'en occuper, la tâche vous revient. Vous pouvez toujours essayer le truc suivant: retournez la situation de façon que les tâches soient vues comme une récompense. Lorsque vos enfants se seront bien conduits, donnez-leur la « permission » d'aller promener le chien. Vous pouvez aussi leur dire: « Malheureusement, tu ne pourras nourrir Fido ce matin, parce que tu es en retard pour l'école. »

Q **Ma fille Mia a cinq ans. Elle veut un poisson, mais je n'ai pas vraiment le goût de nettoyer un aquarium chaque semaine. Quel autre animal puis-je lui offrir?**

R Les phasmes (des insectes magnifiques qui sont les rois du camouflage) demandent peu de soins. Vous pouvez les conserver dans un vieux contenant de café, avec quelques petites branches. Il suffira à votre fille de vaporiser chaque jour un peu d'eau sur les branches et de changer celles qui sont desséchées.

29
À l'ordre !

Si vous trouvez que les réunions empoisonnent votre vie, vous n'avez sûrement pas envie d'en organiser à la maison. Lisez tout de même ce qui suit : nous vous expliquerons comment régler les dissensions familiales de manière démocratique. Et vous pouvez laisser les politiques de votre entreprise en dehors de tout cela !

Les réunions familiales menées de main de maître ont bien des vertus : elles favorisent les débats ouverts et sincères, permettent d'entendre les différends qui opposent les membres de la famille et donnent l'occasion d'inculquer des principes démocratiques aux enfants.

Si vous examinez, au cours d'une réunion familiale, la façon dont sont réglées les difficultés auxquelles se heurtent vos enfants, vous verrez quels sont les liens principaux qui existent dans votre famille. Par ailleurs, ces rencontres donnent aux jeunes l'occasion de présider une réunion et de défendre un point de vue qui les passionne. Il s'agit de compétences d'une valeur inestimable pour leur vie future.

Certains parents craignent que la pression des pairs, à laquelle leurs enfants peuvent être soumis, ébranle leur autorité. Sachez que, de toute façon, les parents sont toujours les premiers à avoir tort aux yeux des enfants. Cependant, si vous faites en sorte de leur présenter des raisonnements logiques et solides au lieu de les obliger à suivre aveuglément vos conseils, il est probable qu'ils accepteront vos décisions.

AVANT DE COMMENCER

Mettez des points positifs à l'ordre du jour : une discussion sur l'endroit où vous passerez vos prochaines vacances ; un choix de mets pour remplacer le rôti du dimanche ; des suggestions de films pour une sortie en famille. Certaines propositions peuvent être irréalistes (aller à Disneyland, par exemple), mais toutes méritent une réponse réfléchie de votre part. Même les remarques les plus excentriques peuvent renfermer des éléments qu'il est possible de prendre en considération si vous les accompagnez de compromis.

ÉTABLIR LA DATE DE LA RÉUNION

Déterminez le moment et l'endroit où se déroulera la réunion. D'après notre expérience, les rencontres organisées en temps de crise donnent lieu à des conflits, et non à un soutien mutuel de la part des membres de la famille. Il est utile de dresser une liste de règles réalistes, sur lesquelles toute la famille doit s'entendre : faire preuve de respect, éviter d'interrompre une personne quand elle parle, ne pas dire ou faire de vacheries une fois la réunion terminée, s'engager à respecter la durée de cette dernière, s'en tenir aux décisions prises. Vous pouvez employer une minuterie pour vous assurer que personne ne parle trop longtemps, ou encore, remettre à celui ou à celle qui veut s'exprimer un objet qu'il ou elle tiendra à la main pendant son intervention. Cela rappellera aux autres de ne pas l'interrompre. La durée de la

ON PLONGE !

Les distractions perturbent les réunions. Branchez le répondeur et éteignez votre cellulaire. Préparez une collation et des boissons, afin que personne ne s'échappe pour aller se chercher à manger ou à boire.

réunion est un élément clé : si elle est trop longue, tout le monde finira par s'ennuyer ou s'impatienter ; si elle est trop courte, seules les personnes qui savent s'affirmer réussiront à s'exprimer. Une rencontre de quarante-cinq minutes, organisée chaque mois, devrait porter fruit. Tenez la réunion à un moment où elle ne perturbera pas les activités des membres de la famille.

DE FIL EN AIGUILLE

Tout le monde se crie par la tête durant vos réunions ? Lisez l'idée 23, « Savoir écouter », pour savoir comment vous sortir de cette impasse.

L'INVERSION DES RÔLES

Les réunions efficaces se déroulent avec un certain décorum : une personne la préside et une autre prend les décisions en note. Au début, les parents peuvent tenir ces rôles, mais nous vous encourageons à les octroyer le plus vite possible aux autres membres de la famille. En plus de diriger la réunion en fonction de l'ordre du jour, le président doit veiller à ce que toutes les personnes présentes soient entendues. Il doit donc encourager les plus timides à prendre la parole, et demander aux plus bavards de se taire et d'écouter.

Un désaccord exprimé ouvertement permet souvent de progresser.

Mahatma GANDHI, qui croyait que la famille était pour les enfants un terrain d'apprentissage plus fertile que l'école

DES AFFAIRES DE FAMILLE

Les réunions permettent de tenir compte des idées de toutes les personnes présentes. Vous pouvez en organiser pour planifier des activités amusantes, mais il est aussi possible d'y avoir recours pour parler de questions sérieuses, comme l'établissement d'un horaire pour que chacun fasse la vaisselle à tour de rôle. Vous pourriez également avoir une discussion sur le stress vécu par un des membres de la famille. Vous récolterez ainsi les opinions de chacun, ce qui vous aidera à trouver des solutions à un problème précis ou à comprendre ce que ressent un des membres de la famille.

VOS QUESTIONS, NOS SOLUTIONS

Q **J'aimerais bien organiser des réunions de famille, mais j'ai déjà trop de choses à faire et, de toute façon, je m'occupe des enfants toute la journée. J'aurais plutôt besoin d'un congé.**

R Préférez-vous attendre une crise qui vous forcera à consacrer encore plus de temps aux rencontres? Les réunions de famille bien dirigées ne durent pas nécessairement longtemps, et elles peuvent vous faire gagner beaucoup de temps à long terme.

Q **Nous organisons des réunions depuis un certain temps, mais nous nous enlisons toujours dans le même problème. Que pouvons-nous faire?**

R Pourquoi ne pas tenir une séance de remue-méninges, où chaque membre pourra proposer des solutions? Aucune de celles-ci ne donnera entière satisfaction à tous, mais vous pourrez choisir celle qui convient au plus grand nombre et la mettre à l'essai durant un mois. Ne parlez plus de ce problème jusqu'à ce que la période d'essai soit terminée.

Q **Nos réunions de famille durent trop longtemps; elles se poursuivent in-définiment dans les autres pièces de la maison. Un conseil, s'il vous plaît.**

R Pourquoi ne pas tenir la réunion quarante-cinq minutes avant un repas ou une sortie au cinéma? Vous pourriez aussi prendre note des sujets non résolus et les aborder en profondeur au cours d'une prochaine rencontre.

30

Les plus belles années de leur vie

Les années d'école de vos enfants ne seront pas nécessairement les plus belles de leur vie, mais, si vous choisissez un établissement scolaire qui leur convient, vous pouvez être sûr qu'ils vivront une période stimulante, exaltante et inspirante.

Chaque famille a ses priorités et ses attentes en matière d'éducation. Dressez une liste de ce qui compte pour vous et ayez-la à portée de main lorsque vous étudiez les programmes de différentes écoles.

Visitez le plus d'écoles possible. Il est difficile, mais important, d'avoir une bonne idée de l'atmosphère et de la philosophie de chaque établissement. La discipline est-elle trop stricte. L'ambiance est-elle inspirante et positive ? Que pensez-vous de la diversité culturelle et ethnique ? Les compétences des élèves sont-elles valorisées ? Les enseignants ont-ils la passion nécessaire pour intéresser leurs élèves aux tâches difficiles ? Certaines écoles mettent l'accent sur la créativité. Par ailleurs, si vous trouvez un fouet dans le bureau du directeur, ce n'est pas bon signe…

Y a-t-il une chorale à l'école ? Tous les enfants peuvent-ils en faire partie ? Si votre fille de six ans adore chanter et est refusée aux auditions, son estime de soi risque d'en prendre un coup. Prêtez attention aux activités parascolaires : les cours d'art plastique, de musique, les sports d'équipe, les pièces de théâtre. S'il n'y a pas d'autobus scolaire, comment votre enfant se rendra-t-il à l'école ? Le réseau de transport public pourra-t-il prendre la relève ou vous faudra-t-il aller le conduire ?

Les écoles font souvent l'étalage de leurs politiques. Elles font des tas de promesses, mais fouillez un peu plus loin. Au lieu de simplement examiner la politique servant à contrer l'intimidation à l'école, cherchez à savoir quand elle a été utilisée avec succès pour la dernière fois. Lorsque vous rencontrez la titulaire d'une classe, demandez-vous si vous réussiriez à bien vous entendre avec elle et si votre fille serait contente d'être dans sa classe. Demandez à la directrice quelle est la plus grande réalisation de l'école et à quel genre de difficultés l'établissement fait face. Si elle semble mal à l'aise, dépêchez-vous de partir de cet endroit.

LE PREMIER JOUR D'ÉCOLE

Il n'y a aucun doute : les enfants qui ont fréquenté la garderie ou la prématernelle vivent avec plus de facilité leur première journée d'école, et peut-être même leur premier trimestre, que ceux qui sont restés à la maison. Les « diplômés de la garderie » se sont habitués à être séparés de leurs parents et savent qu'ils les reverront à la fin de la journée. Ils ont aussi l'habitude d'être avec d'autres enfants et savent mieux partager et

En général, les gens éduquent leurs enfants comme s'ils construisaient une maison, en fonction d'un plan qu'ils trouvent magnifique, mais sans se demander si ce dernier répond au but recherché.

Lady MARY MONTAGU,
figure féminine de la
société anglaise

travailler collectivement. Les bambins qui ne sont pas allés à la garderie ont parfois peur que leurs parents ne viennent pas les chercher en fin de journée.

LORSQUE ÇA VA MAL

Sans être envahissant, gardez un œil sur les progrès de votre enfant. Aime-t-il l'école ? Fait-il ses travaux ? A-t-il des amis ? S'il éprouve des problèmes, prenez rapidement rendez-vous avec son professeur. Il vaut mieux agir lorsque les difficultés sont encore mineures que d'attendre en ne faisant rien. Lorsque vous rencontrerez l'enseignant, gardez en tête que vous aiderez davantage votre enfant en proposant des solutions qu'en débattant des problèmes.

LE PASSAGE À L'ÉCOLE SECONDAIRE

La transition du primaire (une salle de classe, un enseignant) au secondaire (plusieurs professeurs, plusieurs salles de classe) est un choc pour beaucoup de préadolescents. Quand ils sortent d'un milieu où ils se sentaient protégés, les enfants ont l'impression d'avoir à se battre dans un environnement compétitif, où certains jouissent de privilèges. Afin de donner à votre enfant une idée de l'école secondaire qu'il fréquentera, faites-lui visiter l'endroit en question avant le début de l'année scolaire et soyez à l'écoute de ses inquiétudes. Beaucoup s'ennuient de leurs amis, qui vont à d'autres écoles. Pour rendre la séparation moins douloureuse, invitez les copains de votre jeune à la maison, pour qu'ils puissent se parler de leur nouvelle vie.

ON PLONGE !

Devenez membre du comité d'école. Vous aurez ainsi votre mot à dire sur ce qui se passe dans l'établissement que fréquente votre enfant et vous aurez plus de chances de rencontrer les enseignants. Pensez aussi à devenir membre du conseil d'établissement. Vous aurez ainsi facilement accès au responsable de l'école. Dans votre CV, cette mention sera des plus utiles.

DE FIL EN AIGUILLE

Vous en arrachez avec les mathématiques de votre fille ? Jetez un coup d'œil sur l'idée 31, « Ne plus se casser la tête avec les devoirs ».

PARTIR DU BON PIED

Peu importe l'établissement que fréquente votre enfant, votre relation avec son titulaire a de grandes répercussions sur sa vie à l'école. Évitez d'attendre qu'il y ait un problème pour rencontrer le titulaire, car vos conversations futures risqueraient d'être marquées par le ton établi au moment où la difficulté s'est produite.

« Supposons qu'on n'ait pas laissé Mozart commencer à faire de la musique avant les autres enfants, qu'on ne lui ait pas donné la chance de s'exercer et de progresser aussi rapidement, ou qu'on ne lui ait permis d'apprendre la musique qu'à l'école… Supposons qu'on l'ait empêché de jouer avec des plus vieux ou des adultes de crainte qu'il devienne un inadapté social… On peut se demander s'il serait devenu aussi célèbre. Bien sûr, des situations comme celles-ci peuvent mener à des abus, mais ne pas donner à des enfants précoces la chance de progresser et d'exceller est aussi une forme d'abus. »

SIDNEY L. PRESSEY,
psychologue scolaire

VOS QUESTIONS, NOS SOLUTIONS

Q **Nous aimerions que notre fils fréquente une petite école secondaire, qui est sélective et reconnue pour l'enseignement des sciences. Il est mécontent, car il voudrait aller à la polyvalente de notre région, afin de rester avec ses amis. Devons-nous lui laisser le choix ?**

R Voilà une décision difficile. D'un côté, nous voyons que son éducation vous tient à cœur ; de l'autre, nous avons l'impression que, si vous ne tenez pas compte de ses protestations, il pourrait être encore plus mécontent. Comme les enfants passent une bonne partie de leur temps à l'école, il est important qu'ils y soient heureux. Pourquoi ne pas lui faire visiter de nouveau les deux établissements ? S'il ne veut absolument pas aller à l'école sélective, nous vous suggérons de le laisser fréquenter la polyvalente et de bien suivre ses progrès en sciences ; en effet, si vous l'obligez à aller à la première, il risque de ne pas exprimer tout son potentiel. Comme compromis, vous pourriez engager un professeur de sciences qui lui donnerait un cours privé aux deux semaines, ou encore, l'inscrire à un cours de sciences à distance.

31

Ne plus se casser la tête avec les devoirs

Vous espérez ne pas revivre l'enfer des devoirs, que vous avez connu lorsque vous étiez enfant ? Voici comment faire pour éviter que l'histoire se répète.

Beaucoup d'enfants considèrent les devoirs comme une corvée, comme une chose qu'ils doivent faire pour éviter les ennuis. À notre avis, les devoirs sont tout autre chose.

L'éducation doit encourager l'enfant à faire des expériences enrichissantes, grâce auxquelles il connaîtra toutes sortes de sujets. Ceux-ci pourraient devenir des passions pour le reste de sa vie. Les devoirs jouent un rôle primordial dans ce processus.

LE CASSE-TÊTE DES DEVOIRS

Les enseignants affirment que les devoirs servent à consolider les connaissances et qu'ils sont des compléments aux cours. Selon nous, les travaux ont une multitude d'autres fonctions : les enfants qui les font bien apprennent à gérer leur temps, à s'organiser, à se motiver et à mémoriser leurs connaissances. Ils ont la joie d'être en avance sur les autres plutôt que de s'évertuer à combler leur retard. Ils peuvent se détendre le dimanche soir et profiter d'un repos bien mérité, alors que leurs camarades qui remettent tout au lendemain font leurs travaux en vitesse parce qu'ils craignent les répercussions d'un retard. L'enfant organisé a le temps d'aller à la bibliothèque, d'emprunter les meilleurs ouvrages avant tout le monde et de faire des recherches supplémentaires sur Internet.

> **ON PLONGE !**
>
> Pourquoi ne pas profiter d'un repas pour demander à tous les membres de la famille de se livrer à un remue-méninges, afin de trouver des réponses à une question difficile posée dans un devoir ? Cette façon de procéder peut ouvrir toutes sortes de nouvelles avenues et transformer un travail pénible en une tâche agréable.

10 RECETTES POUR ÉLIMINER LE CASSE-TÊTE DES DEVOIRS

Voici quelques astuces à suivre pour dédramatiser la situation.

1. Suivez la règle de nos grands-mères

Vous pouvez penser que nous sommes vieux jeu, mais la règle de nos grands-mères, « fais ton travail, puis tu pourras aller jouer », est efficace. Les jeunes qui font leurs devoirs pendant que les notions sont encore fraîches à leur mémoire ont un gros avantage par rapport à ceux qui attendent à la dernière minute.

2. Prévoyez une pièce pour les devoirs

La plupart des jeunes travaillent mieux dans un endroit où règne l'ordre et qui est à l'abri des distractions tels les jouets, les jeux, la musique et la télé. Toutefois, certains parviennent à bien travailler au milieu de bruits et de distractions. Si votre enfant aime faire ses devoirs en écoutant de la musique et qu'il obtient de bons résultats, laissez-le faire. N'oubliez pas qu'un bon éclairage et une chaise confortable améliorent la concentration. Les autres membres de la famille ne doivent pas déranger celui qui fait ses devoirs.

3. Réservez du temps aux devoirs

Favorisez une bonne atmosphère de travail en réservant une période de la journée aux devoirs. Toutes les familles sont différentes. Vos enfants préfèrent peut-être faire leurs devoirs dès leur retour de l'école ; d'autres ont besoin d'une pause et travaillent mieux après le souper. Donnez l'exemple aux vôtres en utilisant la période où ils font leurs devoirs pour régler votre paperasserie. En vieillissant, les enfants ont généralement besoin de moins de supervision, mais, à moins d'être envahissants, les parents qui s'intéressent au travail de leurs jeunes les encouragent à redoubler d'effort.

4. Aidez vos enfants à donner la priorité à leurs devoirs

En tenant un journal des travaux à effectuer, votre enfant et vous pouvez voir en un coup d'œil ce qui doit être fait et pour quelle date. Les jeunes enfants et ceux qui doivent apprendre à s'organiser ont besoin d'être guidés. Pour aider votre petit à aller dans la bonne direction, demandez-lui ce qu'il doit faire le jour même.

5. Établissez un horaire d'utilisation de l'ordinateur

Vos enfants accordent la priorité à leurs devoirs ? C'est bien. Établissez maintenant un horaire d'utilisation de l'ordinateur. Si des querelles surviennent, laissez vos jeunes préparer eux-mêmes cet horaire. Jetez un coup d'œil sur l'idée 3, « Les querelles entre frères et sœurs ».

> **DE FIL EN AIGUILLE**
>
> Vous vous inquiétez de ce que fait vraiment votre enfant pendant qu'il effectue des « recherches » en ligne pour son cours de biologie ? Jetez un coup d'œil sur l'idée 34, « Naviguer en toute sécurité ».

6. Suggérez à vos enfants de commencer par un devoir facile

En s'attaquant d'abord à une tâche aisée, les enfants ont l'impression de maîtriser la situation ; ils se sentent donc encouragés à poursuivre.

7. Prévoyez des pauses

Comme vous connaissez votre enfant mieux que quiconque, vous pouvez assez bien évaluer sa capacité à se concentrer. Faites-lui faire des pauses régulièrement. Pendant ces périodes, invitez-le à vous montrer son nouveau numéro de danse ou ce qu'il a appris au soccer. Il aura ainsi l'occasion de bouger durant une dizaine de minutes. Vous pouvez utiliser une minuterie pour chronométrer les pauses.

Il faut instruire les enfants, mais il faut aussi les laisser s'instruire par eux-mêmes.

ERNEST DIMNET,
The Art of Thinking

8. Posez des questions à votre enfant lorsqu'il a des difficultés

Vous n'êtes pas le professeur de votre enfant, et il serait irréaliste de vouloir le devenir. Le développement des enfants repose en grande partie sur leur capacité à trouver des solutions à des problèmes. Au lieu de faire étalage de vos connaissances et de donner les réponses à votre petit, posez-lui des questions ouvertes telles que « Quels renseignements pourraient t'aider ? » ou « Où pourrais-tu trouver ces renseignements ? »

9. Aidez vos enfants à se concentrer

Il est impossible d'éviter les moments d'inattention et les distractions. Au début, vous aurez besoin de guider votre enfant pour qu'il termine ses devoirs. Certains ont vraiment de la difficulté à se mettre sérieusement au travail. Dans ce cas, nous vous suggérons de vérifier toutes les trente minutes comment il progresse. S'il a abandonné sa rédaction pour jouer avec ses Lego, mettez l'accent sur ce qu'il a accompli au lieu de lui demander d'arrêter de s'amuser. Par exemple, vous pourriez lui dire : « Je suis content que tu aies trouvé un bon titre à ton travail. J'ai vraiment hâte de lire la prochaine partie de ton histoire. Je reviendrai te voir dans vingt minutes. »

10. Ne faites pas le travail à la place de vos enfants

Comme le savent tous les parents, les devoirs permettent aux enfants de consolider les connaissances qu'ils ont acquises en classe. Ces travaux scolaires sont souvent assez intéressants. Vous pourriez avoir le goût d'apprendre des choses que vous ne saviez pas ou de mettre vos vieilles connaissances à l'épreuve. Attention : il est formidable d'apprendre avec vos enfants, mais vous ne leur rendrez pas service en faisant le travail à leur place.

> N'aidez jamais un enfant à accomplir une tâche qu'il pense pouvoir réussir.
>
> *D*re *MARIA MONTESSORI*

VOS QUESTIONS, NOS SOLUTIONS

Q **Mon enfant de huit ans ne comprend pas certaines notions que je n'ai jamais apprises à l'école. Comment puis-je l'aider?**

R Il semble avoir besoin d'être jumelé avec un camarade qui pourrait l'aider. S'il y en a un qui habite près de chez vous, encouragez votre enfant à faire ses devoirs avec lui. Toutefois, s'il ne comprend vraiment pas ce qu'on attend de lui, incitez-le à éclaircir la situation avec son enseignant.

Q **Comme je travaille jusque tard le soir, je ne peux superviser les devoirs de ma fille.**

R Encouragez-la au lieu de simplement superviser son travail. Intéressez-vous au produit final et demandez à votre fille comment elle s'y est prise pour y parvenir. Vous pouvez discuter de ce qu'elle a appris en cours de route. Félicitez votre enfant lorsque ses travaux sont bien faits à la maison comme à l'école, en insistant sur les efforts qu'elle a fournis. L'enseignant ne peut pas toujours évaluer cet aspect, puisqu'il n'a que le produit fini sous les yeux. Si votre fille est incapable de faire ses travaux seule, inscrivez-la à un service d'aide aux devoirs.

Ne laissez pas votre enfant s'en tenir à vos connaissances, car il est né à une autre époque.

PROVERBE RABBINIQUE

32

Un jardin à cultiver

Vous voulez enseigner à votre enfant à prendre soin d'un jardin pour y attirer les papillons, à y faire pousser des plantes et à les garder en vie ? En jardinant avec lui, vous lui accorderez du temps de qualité.

Le jardinage apprend aux enfants comment grandissent les êtres vivants. Ceux qui s'occupent d'un jardin ont une plus grande faculté d'émerveillement que leurs pairs. Ils acquièrent également un plus grand sens des responsabilités, puisqu'ils perdent vite leurs plantes s'ils oublient de leur donner de l'eau.

L'EAU : ESSENTIELLE À LA VIE

Pour montrer à vos enfants que les plantes absorbent l'eau, vous pouvez remplir d'eau un pot transparent et y ajouter quelques gouttes de colorant alimentaire rouge. Mettez de longues tiges de marguerites dans le récipient. À mesure qu'elles absorberont l'eau colorée, leurs pétales deviendront rouges.

PETITE PLANTE DEVIENDRA GRANDE

D'après notre expérience, il est préférable de semer des plantes à croissance rapide pour maintenir l'intérêt des enfants. Le cresson a toujours un grand succès avec eux. Et saviez-vous que les enfants peuvent aussi faire pousser des graminées ou du blé d'oiseau ? Veillez simplement à ce que ces plantes n'aboutissent pas dans vos salades ! Étalez plusieurs épaisseurs d'essuie-tout humides ou mouillez une vieille éponge, puis demandez à vos enfants d'y disposer les semences en formant les lettres de leurs noms. Conservez l'éponge ou les essuie-tout dans un endroit chaud ; les enfants devront s'assurer qu'ils restent humides. Au bout de quelques jours, leurs noms commenceront à « pousser ».

UN BOUQUET DE FLEURS

En plus de vouloir des résultats rapides, les enfants adorent tout ce qui est coloré. Les tournesols, aux teintes vives et voyantes, peuvent pousser de 30 cm en une semaine. Les graines de tournesol ne coûtent pas cher ; vous en trouverez dans les animaleries et les magasins de produits naturels. Il faut planter les graines à 3 cm les unes des autres et bien arroser le sol.

La bourrache pousse rapidement elle aussi, et les enfants peuvent en couper les feuilles pour les mettre dans une salade. Ses petites fleurs bleues sont elles aussi comestibles. Pour faire une belle gâterie estivale, mettez des fleurs de bourrache dans des contenants à glaçons, ajoutez de l'eau, placez le tout au congélateur, puis servez les cubes de glace dans un verre de limonade. Inoubliable !

ON PLONGE !

Votre enfant a un présent à offrir ? Choisissez une plante d'intérieur et demandez à votre petit d'en décorer le pot (voir l'idée 48, « Des œuvres d'art »). C'est un cadeau tout à fait spécial. Si vous cherchez un présent de Pâques plutôt inusité, invitez votre enfant à faire une « tête d'œuf ». Il aura besoin de marqueurs pour dessiner un visage sur la coquille vide, dont vous aurez coupé la calotte. Remplissez la coquille de sachets de thé ayant déjà servi, puis saupoudrez le dessus de ces derniers de quelques graines de moutarde et de cresson. Imaginez la tête de grand-maman lorsqu'elle verra des « cheveux » pousser sur l'œuf ! Utilisez des ciseaux à ongles pour faire une « coupe de cheveux » particulière, comme une coupe Mohican…

Si vos petits ont le bec sucré, faites pousser des cosmos chocolat. Ces étonnantes fleurs rouge foncé ont une odeur de cacao enivrante.

UN COUP DE MAIN

Beaucoup d'enfants aiment donner un « coup de main » au jardin. Assurez-vous de leur fournir des directives précises : si vous leur demandez de débroussailler la rocaille, ils risquent de déraciner vos dahlias primés. Invitez-les plutôt à cueillir un bouquet de pissenlits ou à se mettre à la recherche des coccinelles qui ont envahi votre potager.

UN JARDIN POUR LES PAPILLONS

Les enfants d'âge préscolaire adorent les papillons. Qu'ils s'intéressent à leur beauté, à leur grâce et à leurs ailes magnifiques ou qu'ils préfèrent les chasser, vous pourrez les occuper, au printemps, en leur faisant mettre sur pied un jardin pour les papillons. Il s'agit d'un endroit fantastique, où les parents aimeront prendre un cocktail durant les longues soirées d'été.

Il vous faudra cependant laisser à vos enfants l'endroit le plus ensoleillé de votre cour, car ni les jardiniers en herbe ni les papillons n'apprécient les coins sombres. Les papillons se prélassent dans des lieux ensoleillés, à l'abri du vent et de la pluie, et ont besoin d'eau fraîche. Il vous faudra aussi prévoir au moins deux flaques de boue : dans l'une, les papillons mâles iront puiser les sels essentiels à la reproduction, et dans l'autre, les enfants pourront patauger.

DE FIL EN AIGUILLE

Encouragez vos enfants à partager avec leurs grands-parents leurs bons coups (et leurs échecs) en matière de jardinage. Pour savoir comment procéder, lisez l'idée 12, « Les grands-parents : aide ou nuisance ? ».

Dans cet espace, vous devrez aussi cultiver deux sortes de végétaux : des plantes mellifères, dont se nourriront les papillons, et des plantes-hôtes, qui hébergeront les chenilles. Les mamans papillons sont pleines d'attentions : elles ne déposent leurs œufs que sur des plantes-hôtes pour que les chenilles puissent se nourrir sans avoir à se déplacer. Les enfants seront fascinés par les étapes du cycle de vie des papillons. Comme les divers types de plantes ont besoin de sols différents, vos petits devront se renseigner à la bibliothèque et à la jardinerie de votre quartier. Selon les régions, il est possible d'attirer différentes sortes de papillons. Incitez vos bambins à participer au choix des plantes et à leur arrosage ainsi qu'au sarclage et à l'entretien du jardin.

UN REPAS-PARTAGE

Les enfants qui demeurent en appartement peuvent aussi vivre l'expérience du jardinage : ils feront croître des plantes dans des jardinières installées sur le balcon ou dans des pots posés sur un appui de fenêtre. Ils seront heureux de partager, à l'occasion d'un repas en famille ou avec des amis, les produits qu'ils auront ainsi fait pousser. Nous avons réussi à cultiver des tomates sur un balcon minuscule, et nous connaissons des enfants qui font croître des citrouilles miniatures sur un appui de fenêtre. Ces dernières ont vraiment bon goût, mais, surtout, elles font de très belles lanternes pour l'automne et l'Halloween. Les bambins peuvent y dessiner un visage ou y écrire leurs initiales avec un stylo à bille. Lorsqu'ils auront terminé ce petit travail, découpez délicatement la peau de la citrouille avec la pointe d'un compas. Le visage ou les initiales grandiront en même temps que le fruit.

VOS QUESTIONS, NOS SOLUTIONS

Q **Notre fille de cinq ans aime beaucoup semer des pépins pour faire pousser des arbres fruitiers. Elle les plante dans le sol, mais elle est bien triste lorsqu'elle voit que rien ne se produit.**

R On doit faire tremper les pépins de pomme, de poire, d'orange et de citron dans l'eau toute une nuit avant de les planter. Nous vous suggérons aussi de les recouvrir d'une couche de compost d'environ 2 cm. Recouvrez également le pot d'une pellicule plastique durant quelques jours, pour garder le compost humide. Si votre fille veut faire germer un noyau de cerise, d'abricot ou de nectarine, concassez-le avec un casse-noix avant de le faire tremper.

33

Mettre fin à l'intimidation

Ne tournons pas autour du pot : vous ne pouvez laisser l'intimidation faire du tort à vos enfants. Comment vous y prendrez-vous pour ne pas que les choses empirent ?

Comment savoir si votre enfant est victime d'intimidation ?

Parmi les signaux d'alarme les plus courants, notons le refus d'aller à l'école, le fait de manquer des cours ou d'emprunter un nouveau chemin pour se rendre à l'école, d'être irritable, d'avoir faim au retour de l'école, d'avoir des contusions ou des éraflures inexpliquées, d'être de mauvaise humeur, de se montrer cruel avec ses frères et sœurs, de se sentir malheureux et d'avoir des idées de suicide. Chacun de ces symptômes peut être attribuable à d'autres causes, mais, si vous remarquez que plusieurs d'entre eux surviennent en quelques semaines, il est probable que votre enfant est victime d'intimidation.

Vous pouvez avoir une des deux réactions suivantes : vouloir casser la figure des parents du jeune qui pratique l'intimidation, ou penser que celle-ci est une affaire entre enfants et que vous ne devez pas vous en mêler. Seulement, si l'intimidation n'est pas réprimée, elle peut avoir des effets dévastateurs sur un enfant : isolement social, baisse de l'estime de soi, dépression. La victime pourrait par la suite avoir de la difficulté à nouer et à entretenir des relations basées sur la confiance, souffrir de maladies dues au stress, et faire usage de drogues et d'alcool. Vous pouvez aider vos enfants à réagir à l'intimidation en leur apprenant à se montrer sûrs d'eux sans être agressifs.

DE NOUVELLES FAÇONS DE RÉAGIR À L'INTIMIDATION

Dites à votre enfant de reprendre les paroles de la personne qui cherche à l'intimider, puis d'y répondre de façon à neutraliser l'insulte. Par exemple :

« Tu sens bizarre.

– C'est mon nouveau shampooing. Il sent très bon. »

Voici une autre ruse à enseigner à votre enfant : invitez-le à demander à la personne qui use d'intimidation envers lui de répéter ce qu'elle vient de dire. Comme les intimidateurs sont souvent des lâches, ils ont rarement le courage de refaire leurs insultes et se mettent rapidement à modérer leurs transports.

Dites à votre enfant d'imaginer qu'il se trouve à l'intérieur d'une bulle protectrice, sur laquelle rebondissent les injures de ceux qui cherchent à l'intimider. S'il s'exerce à visualiser cette image, il sera moins sensible aux attaques. Cette méthode aide

ON PLONGE !

La prochaine fois que vous regarderez un dessin animé ou que vous lirez une bande dessinée avec vos enfants, encouragez-les à observer le langage corporel des personnages. Baissez le son pour attirer leur attention sur cet aspect. Demandez-leur d'énumérer les caractéristiques de la personne qui use d'intimidation et celles de la victime. Dans les dessins animés *Tom et Jerry*, par exemple, Tom se tient la plupart du temps droit et prend un air menaçant, alors que Jerry s'accroupit et se déplace en se cachant. Cependant, quand ce dernier décide de ne plus faire la victime, il bombe le torse pour donner l'impression qu'il est corpulent. Encouragez vos enfants à déterminer les postures qui leur donnent l'air menaçants, confiants ou victimes.

également les jeunes à reprendre le contrôle d'eux-mêmes lorsqu'ils sont l'objet de critiques qui les paralysent. Par ailleurs, veillez à ce que vos enfants se fassent des amis en dehors du cercle de ceux qui cherchent à les intimider. S'ils font partie d'une troupe de théâtre, d'un club sportif, d'un orchestre ou d'une chorale, ils partageront avec des copains des activités qui les aideront à retrouver leur confiance en eux-mêmes.

Proposez à votre enfant de noter dans un cahier les occasions où il a été victime d'intimidation. En décrivant les attaques qu'il a subies et les émotions qu'il a vécues, il apprend à maîtriser la tristesse, la colère et le sentiment d'injustice qui l'habitent. Si vous prenez la peine de contresigner ses notes et d'y ajouter la date, vous aurez en main des renseignements qui vous seront utiles s'il vous faut répondre aux gestes d'intimidation. Il ne faut pas négliger les petits qui sont trop jeunes pour écrire : un collage ou un dessin représentant ce qui s'est passé ou ce qu'ils éprouvent peut avoir des effets libérateurs. Les enfants qui se sentent en colère et qui deviennent violents se sentent souvent mieux après avoir fait leur dessin et l'avoir déchiré en mille morceaux.

> **ON PLONGE !**
>
> Organisez une séance de remue-méninges pour trouver des stratégies de refus. Voici une liste d'idées soumises par des enfants victimes d'intimidation :
> • Non.
> • Non, je ne veux pas.
> • Non, merci.
> • Non, j'aime mieux ne pas faire cela.
> • Si je le pouvais, je le donnerais, mais ma mère ne veut pas que je donne ce qui m'appartient.
> • Je suis diabétique, et il est dangereux pour moi de ne pas manger au dîner.
> • C'est contre ma religion.
>
> Lorsque les enfants ont découvert des stratégies de refus avec lesquelles ils se sentent à l'aise, ils réussissent à se défendre.

En prison, on peut torturer votre corps, mais on ne peut torturer votre esprit. Celui-ci vous protège contre la violence et les atrocités des autres prisonniers. À l'école, vous n'avez aucun de ces avantages.

GEORGE BERNARD SHAW

Encouragez votre enfant à se confier à son enseignant. S'il pense ne pas être en mesure de le faire, voyez s'il peut s'en remettre à un autre adulte de l'école : la surveillante, la secrétaire, l'infirmière. Certains se sentent incapables de parler de leur problème, mais ils peuvent écrire ce qui s'est passé ou montrer à une personne de confiance le cahier dans lequel ils ont consigné les incidents dont ils ont été victimes.

Si l'intimidation persiste ou si votre enfant subit des blessures, prenez des mesures concrètes : informez-en l'enseignant et, s'il le faut, des personnes plus haut placées, jusqu'à ce que l'affaire soit prise au sérieux et réglée. Continuez de noter les faits. N'hésitez pas à faire appel à la police si des intimidateurs menacent ou blessent votre enfant.

DE FIL EN AIGUILLE

Les enfants qui ont vécu une journée difficile parce qu'ils ont été victimes d'intimidation à l'école ont besoin de trouver une atmosphère calme à la maison. Il n'est pas toujours bon d'analyser et d'étudier les événements en détail. Il peut être plus efficace de faire diversion. Amusez-vous. Faites des jeux (lisez l'idée 15 « Des jeux pour tout le monde »).

Un jour, j'ai vu à l'école un enfant de taille moyenne maltraiter un enfant plus petit que lui. Je l'ai réprimandé, mais il m'a répondu : « Les plus grands me frappent, alors je frappe les plus jeunes ; c'est équitable. » En ses mots, il avait parfaitement résumé l'histoire de l'espèce humaine.

BERTRAND RUSSELL

VOS QUESTIONS, NOS SOLUTIONS

Q
La vie est dure. N'est-il pas préférable que mon fils apprenne à se battre contre les personnes qui usent d'intimidation à son égard?

R
S'il se défend en donnant des coups, il apprend que la violence est un moyen acceptable de régler les problèmes. Il doit se protéger en s'affirmant, et non en ayant recours à la force, pour éviter de devenir lui-même un intimidateur.

Q
Dernièrement, ma fille a «perdu» l'argent de poche qui lui sert à acheter son dîner. Je crains que des élèves plus vieilles qu'elle l'aient obligée à leur remettre son argent, mais elle ne veut pas en parler. Que puis-je faire?

R
Intégrez subtilement le sujet de l'intimidation dans une de vos conversations. Parlez-en de manière générale, par exemple au moment où vous lisez ensemble une histoire dans laquelle un personnage en est victime. Si elle vous laisse entendre qu'elle a certains problèmes à l'école, incitez-la à être assez brave pour vous en parler. Rassurez-la en lui disant que le harcèlement va cesser, mais que, pour ce faire, il vous faut plus de renseignements. Vous trouverez des conseils utiles en lisant l'idée 23, «Savoir écouter». Si vous ne réussissez pas à l'amener à se confier à vous, soyez directe et dites-lui quelque chose comme: «Certains enfants disent à leurs parents qu'ils ont perdu l'argent de poche qui sert à acheter leur dîner, mais, en réalité, ils ont été victimes d'intimidation; je crains que cela ne soit ton cas. Nous allons en discuter ensemble.»

Q
Ma fille a été victime d'intimidation durant plusieurs mois. Dernièrement, je l'ai entendue dire à une amie qu'elle avait parfois envie de se suicider. Je ne sais pas comment réagir. S'il vous plaît, aidez-moi.

R
Prenez cette affaire très au sérieux. Malheureusement, un certain nombre d'enfants se donnent la mort après avoir été longtemps victimes d'intimidation. Dites calmement à votre fille que vous l'avez entendue parler de suicide, allez chercher de l'aide professionnelle et envisagez de la retirer de l'école qu'elle fréquente.

34

Naviguer en toute sécurité

Le réseau Internet est une ressource fantastique, utile et amusante. Naturellement, les parents s'inquiètent de dangers dont on parle beaucoup, comme les prédateurs sexuels et le harcèlement en ligne. Voici comment empêcher vos enfants de tomber sur du matériel dégradant, pornographique ou terrorisant.

Il est agréable et éducatif de naviguer sur Internet. Il n'est jamais trop tôt pour commencer à montrer aux enfants comment se servir d'un ordinateur. La plupart des bambins de deux ans et demi savent cliquer avec la souris.

Nous vous suggérons de garder l'accès à Internet sur un ordinateur mis à la disposition de la famille dans une pièce commune, comme la salle familiale, et non dans les chambres des enfants. Vos jeunes protesteront peut-être, mais sans vouloir vous effrayer, nous pouvons vous dire qu'il est de loin préférable de subir leurs objections que de les savoir aux prises avec un pédophile en ligne. Il est utile de faire l'acquisition d'un filtre d'adresses et de messages qui bloquera l'accès aux sites pour adultes, surtout si vos petits curieux sont capables de découvrir votre mot de passe. Bien des parents croient que leurs enfants ont droit à plus d'intimité à mesure qu'ils vieillissent. Nous sommes d'accord ; d'ailleurs, vous ne serez pas toujours en mesure de les superviser, et les sites Internet sont de plus en plus accessibles par l'intermédiaire des cellulaires.

DES SUJETS DÉLICATS

Pour découvrir quels sites visitent vos enfants, abordez le sujet d'Internet dans vos conversations de tous les jours. Par exemple, lorsque vous discutez avec eux des dangers auxquels ils sont exposés à l'extérieur de la maison, parlez aussi des menaces d'Internet. Expliquez à vos jeunes que les personnes qui participent aux séances de clavardage ne sont pas nécessairement celles qu'elles prétendent être.

Par ailleurs, si vous voulez donner une récompense à votre fils, vous pourriez vous la procurer en ligne et expliquer à votre garçon comment on procède pour faire des achats suivant cette méthode. De la même façon, lorsque votre fille vous pose des questions sur la sexualité, parlez-lui du type de photos qu'elle pourrait recevoir par courriel, ou encore, des sites qui pourraient la troubler ou l'effrayer.

> **ON PLONGE !**
>
> Établissez des règles concernant la période pendant laquelle chacun peut employer l'ordinateur. Précisez le nombre de minutes dévolu à chaque membre de la famille et les moments de la journée où il est interdit d'utiliser Internet.

Les parents croient que leurs enfants devraient garder leur innocence le plus longtemps possible. Mais le monde ne fonctionne pas ainsi.

GRACE HECHINGER,
How to Raise a Street Smart Child

LA REPRODUCTION DE TEXTES

De plus en plus d'enfants se servent d'Internet pour faire leurs devoirs. Ceux qui procèdent ainsi font parfois des travaux moins originaux que ceux des jeunes qui ont recours à d'autres ressources. Par ailleurs, le plagiat est devenu un gros problème. Beaucoup d'enfants ne savent pas qu'il est interdit de télécharger de grandes parties de textes et de les utiliser comme si elles étaient de leur cru. Ils ignorent que cette façon de faire pourrait même leur valoir d'être expulsés d'un cours lorsqu'ils seront à l'université. Quand vous parlez de cette question avec vos enfants, insistez sur le fait qu'ils doivent reformuler les écrits d'autres personnes dans leurs propres mots, et que toute citation doit être indiquée comme telle.

DE FIL EN AIGUILLE

Votre enfant a désappris à écrire depuis qu'il communique par courriel ? Ne vous en faites pas : amusez-vous à lui envoyer des lettres par courrier ordinaire, puis demandez-lui de vous répondre de la même façon. Lisez l'idée 49, « Le pouvoir de l'écriture ».

L'INTIMIDATION EN LIGNE

Comme les courriels et les cellulaires n'étaient pas très répandus lorsqu'ils étaient enfants, les adultes sont parfois étonnés de constater qu'un grand nombre de jeunes sont intimidés ou harcelés en ligne. Rappelez à vos enfants qu'ils ne doivent pas donner leur adresse électronique à n'importe qui et que vous leur ferez changer celle-ci s'ils sont victimes d'intimidation en ligne.

> Les conversations auxquelles un enfant participe à la maison sont l'élément qui a le plus d'influence sur son éducation.
>
> *SIR WILLIAM TEMPLE, diplomate et auteur*

VOS QUESTIONS, NOS SOLUTIONS

Q Nous avons acheté des filtres d'adresses et de messages, mais les familles des amies de Jessica ne semblent pas utiliser ce type de protection. Comment puis-je empêcher ma fille de consulter des sites pour adultes ?

R Il devrait y avoir des filtres d'adresses et de messages dans tous les foyers, mais certaines personnes ne se donnent pas la peine de s'en procurer. Les conseils que vous donnez à votre fille ainsi que les conversations que vous entretenez avec elle constituent sans contredit sa meilleure protection. Ils l'aideront à faire les meilleurs choix possible concernant les sites qu'elle consulte.

Q Mon fils Jonas n'a pas beaucoup d'amis dans sa classe ; il dit qu'il préfère « rencontrer » des gens en ligne. Je suis content qu'il ne se sente pas seul, mais je m'inquiète, car il passe beaucoup de temps devant l'ordinateur. Est-ce que je m'en fais pour rien ?

R Si Jonas se fait surtout des amis en ligne, son développement social, en particulier son aptitude à écouter, risque d'en souffrir. Il n'a pas de copains parmi ses camarades de classe ? Peut-être qu'il pourrait s'en faire en participant à une activité parascolaire.

Q Notre fille Camille a reçu des courriels très offensants et nous les a montrés. Nous sommes bouleversés et nous ne savons que faire.

R Nous vous suggérons de signaler ce problème à votre fournisseur d'accès Internet. Pendant qu'il enquête, bloquez l'accès à l'expéditeur en ayant recours à un logiciel antipourriel.

35

Une bonne estime de soi

Que vos enfants veuillent escalader un arbre ou une échelle administrative, il est bon de leur donner un coup de pouce. Cependant, si vous avez des attentes qu'ils ne peuvent satisfaire, vous obtiendrez l'effet inverse de celui escompté : l'estime de soi de vos jeunes s'affaiblira.

Les enfants qui ont une faible estime de soi ont des difficultés scolaires et relationnelles. Ils courent le risque d'avoir plus tard des problèmes de drogue ou d'alcool. Nous allons vous expliquer comment vous y prendre pour que vos enfants aient confiance en eux, réussissent bien à l'école, se fassent facilement des amis, aient des aspirations élevées et aillent loin dans la vie.

LA NOUVEAUTÉ ALIMENTE LA CONFIANCE EN SOI

Il n'est jamais trop tôt pour commencer : les bambins développent leur estime de soi en apprenant à faire de nouvelles choses par eux-mêmes. Rendez votre maison sécuritaire ; ainsi, vos enfants pourront l'explorer librement, ce qui les aidera à renforcer leur autonomie et leur estime de soi. Celle-ci est fortement associée à l'acquisition de nouvelles compétences. En effet, s'il est vrai que vous pouvez donner confiance à vos petits en les félicitant et en les encourageant, vous leur permettrez de briller et de se distinguer encore plus en leur ouvrant de nouveaux horizons. À mesure qu'ils vieillissent, faites avec eux des choses les obligeant à relever des défis qui sont à leur portée.

QUELS SONT SES TALENTS ?

Encouragez vos enfants à préparer un collage ou un album qui illustre leurs talents et leurs habiletés. Lorsque Sarah a eu six ans, sa mère lui a remis une grande affiche au milieu de laquelle elle avait collé une photo de sa fille. Sarah a découpé et collé les images d'un golden retriever, d'une piscine, d'un crayon et d'un terrain de jeu. Elle s'est ensuite dessinée dans différentes poses, pour montrer qu'elle savait promener le chien, nager, écrire et faire des exercices de gymnastique au terrain de jeu. Le collage, qui est affiché dans sa chambre, est une des premières et une des dernières choses qu'elle voit chaque jour. Cela l'aide à se sentir fière d'elle, peu importe ce qui se passe dans la journée.

Samuel, qui a onze ans, possède un cahier à spirale dans lequel il décrit toutes ses réalisations : s'il obtient un A en géographie ou s'il atteint un autre objectif, il le note. Il a commencé à consigner ses réalisations il y a trois ans, lorsque ses parents se sont séparés. « Je me sentais déprimé et nul, mais, en notant mes exploits, j'ai pu constater que je ne l'étais pas. » Le cahier de Samuel lui a permis d'aller plus loin qu'il ne le pensait, car, chaque semaine, il a comme objectif de battre le meilleur résultat de la semaine

ON PLONGE !

Cherchez des occasions de demander leur avis à vos enfants. Invitez votre fille à vous aider à programmer votre cellulaire, à choisir une chemise ou une cravate que vous porterez pour aller travailler, à établir le menu du souper. Si vous la faites participer aux décisions, elle aura l'impression qu'elle est importante et que vous avez confiance en elle.

L'aigle peut voler, mais la belette ne se fait jamais aspirer par un moteur d'avion.

JOHN BENFIELD, acteur

précédente. Lorsque les enfants vieillissent, ces collages et ces cahiers peuvent les aider dans leur choix de carrière : ils explorent les professions associées à leurs talents, à leurs intérêts et à leurs réalisations.

DU TEMPS POUR JASER

Chaque semaine, consacrez du temps à chacun de vos enfants. Intéressez-vous à ce qu'ils ont à dire, sans penser au lavage, à votre belle-mère ou au fait que vous risquez d'être licencié. Penchez-vous ou agenouillez-vous pour regarder vos petits dans les yeux et ainsi leur éviter de sentir que vous les traitez avec condescendance.

DES PROMESSES

« Puis-je avoir un singe, maman ? » demande Mathis pour la millième fois. « Si tu es gentil au magasin, nous allons t'acheter un singe demain » répond sa mère en se croisant les doigts. Vous avez déjà agi comme la mère de Mathis ? Il est parfois tentant de faire des fausses promesses pour avoir la paix, mais les engagements non respectés peuvent détruire l'estime de soi des enfants en leur donnant l'impression qu'ils ne sont pas importants et qu'ils ne valent rien.

FAIRE LA DISTINCTION ENTRE L'ENFANT ET SON COMPORTEMENT

Lorsque votre enfant vous désobéit, faites la distinction entre lui et sa mauvaise conduite. Au lieu de lui dire « Tu est stupide d'avoir renversé ta soupe », dites-lui : « Que pourrais-tu faire pour éviter de renverser ta soupe la prochaine fois ? » En faisant cette distinction, vous montrez à votre petit que son comportement est inacceptable tout en évitant de l'humilier.

DE FIL EN AIGUILLE

Vous voulez faire de nouvelles activités avec vos enfants, mais vous manquez d'idées ? Lisez l'idée 46, « Pour les jours de pluie ».

... ET ENCORE

Les enfants qui accomplissent régulièrement certaines corvées ont un meilleur sens des responsabilités que les autres, ce qui accroît leur estime de soi. Lisez les conseils présentés à l'idée 26, « Ce n'est pas mon tour ».

VOS QUESTIONS, NOS SOLUTIONS

Q À certains moments, il m'est impossible de donner l'impression à mon fils Philippe qu'il est talentueux. Il ment, il triche et il vole ; lorsque je le prends sur le fait et que je le gronde, il se sent évidemment mal à l'aise.

R Il est bon que les enfants se sentent temporairement coupables après s'être mal conduits. En fait, vous pouvez vous servir de ce sentiment pour l'encourager à faire mieux. Si vous le forcez à avouer qu'il a copié son devoir ou à rembourser l'argent qu'il vous a volé, il regagnera son estime de soi. Il devrait ensuite améliorer sa façon de se comporter.

« Lorsque l'image de soi d'un enfant commence à s'améliorer, on constate qu'il réussit mieux dans toutes sortes de domaines, mais surtout qu'il aime encore plus la vie. »

WAYNE DYER,
psychothérapeute ayant
grandi dans un orphelinat

36

Gérer le stress

Le stress est sournois. Il prend les enfants par surprise et les bouleverse. Oubliez la méditation et la relaxation. La plupart des préadolescents ont besoin d'un traitement plus imaginatif. Nos conseils vous aideront à atténuer le stress de vos enfants.

Les personnes stressées sont souvent les dernières à reconnaître qu'elles le sont. Les enfants ne font pas exception. Même si Jonathan ne dit pas qu'il trouve les mathématiques stressantes, il peut souffrir de la situation.

Si votre bambin change sa façon de se comporter, devient irritable, pleure plus que d'habitude, fait des cauchemars et régresse, il se peut qu'il soit stressé. De la même façon, s'il est constamment fatigué, dort mal, se plaint souvent et réussit mal à l'école, il est fort possible qu'il soit victime de stress. Quant aux plus vieux, ils expriment souvent leur détresse en se mettant en colère, en ratant l'école et en se sentant misérables.

Les jeunes qui sont aux prises avec un stress constant courent davantage que les autres le risque de devenir obèses et d'avoir des rhumes, des problèmes digestifs, des maux de tête. À moins d'apprendre à gérer leur stress, ces enfants pourraient fort bien avoir des problèmes de consommation de drogues et d'alcool à l'adolescence et à l'âge adulte. Ils risquent aussi davantage de souffrir de dépression et d'avoir des idées suicidaires.

QU'EST-CE QUI PEUT STRESSER UN ENFANT ?

Presque tout : la mort d'un animal de compagnie, l'arrivée d'un bébé dans la famille, le licenciement de son père, la séparation de ses parents, un déménagement, un changement d'école, la mort d'un grand-parent ou un problème familial non résolu.

COMMENT L'AIDER ?

Il est bon pour les enfants d'entretenir des relations solides et amicales avec des adultes : parents, grands-parents, oncles ou tantes, parrains ou marraines, amis de la famille, enseignants. Les petits ne savent pas toujours ce qui cause leur stress. Celui-ci est souvent attribuable à une combinaison de facteurs. Pour aider votre enfant, écoutez-le, répondez à ses questions et faites-lui expliquer ce qui ne va pas.

ON PLONGE !

Trouvez un endroit tranquille, où personne ne vous dérangera durant quelques minutes, et fermez les yeux. Évoquez un lieu où vous vous sentiez profondément détendu, puis imaginez que vous êtes à cet endroit. Essayez de rendre l'impression vivante en faisant appel à tous vos sens : que pouvez-vous voir, entendre, goûter, sentir ? Continuez de vous visualiser dans ce havre de paix jusqu'à ce que vous ayez retrouvé votre calme. Ensuite, demandez à vos enfants de faire le même exercice. Ce qui est formidable avec eux, c'est que leur imagination est plus féconde que celle des adultes. En leur montrant à se visualiser dans un endroit calme, vous leur procurez un moyen personnel et à leur portée de gérer leur stress.

En écoutant un enfant et en le prenant au sérieux, un adulte peut vraiment l'aider à gérer son stress. Le petit peut aussi :

- respirer lentement et profondément ;
- prendre un bain chaud en écoutant sa musique préférée ;
- faire du sport ;
- s'adonner à un loisir ;
- acquérir une bonne estime de soi ;
- faire des exercices de relaxation.

La plupart des exercices de relaxation mettent l'accent sur la contraction et la décontraction de groupes de muscles. Ce n'est pas le genre de chose qu'un jeune veut faire dans l'autobus avant un examen de maths. Nous vous présentons donc une technique que les enfants adorent, parce qu'ils peuvent y avoir recours n'importe où et parce que personne ne se rend compte de ce qu'ils font.

> **DE FIL EN AIGUILLE**
>
> Pour combattre le stress, vos enfants peuvent jouer au soccer ou faire de la randonnée. C'est bien, mais que faire s'il pleut ? Lisez l'idée 46, « Pour les jours de pluie », afin de trouver des activités auxquelles ils pourront s'adonner beau temps, mauvais temps.

UN ENDROIT CALME

Notre amie Janet a montré à sa fille Ellie comment s'y prendre pour s'imaginer dans un endroit calme, puis elles ont fait ensemble un collage représentant ce lieu. Ellie se voyait au bord d'un lac, près de la maison de sa grand-mère. Elle a fait un dessin d'elle-même, puis a découpé des arbres dans un morceau de feutre vert et a utilisé un beau tissu bleu pour le lac. Lorsque le collage a été terminé, elle s'est imaginée à cet endroit et a décrit à sa mère qu'elle sentait la brise sur son visage, la douceur du sol sous ses pieds, l'odeur des fleurs. Elle se voyait aussi en train de faire bouger ses doigts dans l'eau claire et peu profonde. Janet a couché les descriptions d'Ellie sur papier, puis les lui a lues chaque soir. La fillette a dû s'exercer pour pouvoir facilement se visualiser dans son havre de paix : « C'était difficile au début, dit-elle, mais, dès qu'on sait comment le faire, on ne l'oublie pas. » C'est un peu comme le vélo...

Antoine, qui a onze ans, fait aussi cet exercice de relaxation. Il a été victime d'intimidation à l'école et, même si ce n'est plus le cas, il est très stressé le matin et ne veut pas aller en classe. Quand il est dans cet état, il s'imagine qu'il est au bord de la mer, en train d'écouter le roulis des vagues et de goûter le sel de l'eau qui lui arrose le visage. Bien qu'il ne possède pas de chien, il imagine que le labrador de son oncle est à ses côtés et il se voit en train de le flatter. Au loin, il entend le vendeur de crème glacée, et il peut sentir le parfum du sorbet aux framboises. Lorsqu'il arrive à l'école, il est calme et prêt à commencer sa journée.

Au début, les préadolescents peuvent avoir de la difficulté à faire ce genre de visualisation. Pour y parvenir, ils devraient s'exercer à des moments où ils ne sont pas particulièrement tendus ; ils pourront ensuite avoir recours à cette technique pour gérer leur stress.

Inutile d'aller en Inde pour avoir la paix. Vous pouvez trouver un bel endroit silencieux dans votre chambre, votre jardin ou même votre baignoire.

ELISABETH KÜBLER-ROSS, psychiatre et auteure de On Death and Dying

VOS QUESTIONS, NOS SOLUTIONS

Q **Lorsque je demande à ma fille pourquoi elle se sent stressée, elle a l'air vraiment malheureuse, mais elle me répond que tout va bien. Comment cela se fait-il?**

R Il y a deux possibilités. D'abord, il se peut qu'elle ne soit pas stressée; vous savez combien il est parfois difficile de savoir ce que ressentent les enfants. Ensuite, il est possible qu'elle soit incapable d'expliquer sa situation. Si elle semble bouleversée, dites-lui: «Tu as vraiment l'air malheureuse. Puis-je t'aider?» Jetez un coup d'œil sur l'idée 23, «Savoir écouter»: vous y trouverez des conseils qui vous aideront à comprendre les sous-entendus.

Q **Selon vous, les adultes devraient dire ouvertement à leurs enfants ce qui se passe dans leur vie. Cependant, si j'annonce aux miens que j'ai perdu mon emploi, est-ce que ça ne va pas les stresser?**

R Il est moins stressant pour les enfants de connaître les faits que de faire face à l'inconnu. Néanmoins, comme ils croient souvent que tout est de leur faute, vous devez prendre le temps de les rassurer après leur avoir appris une mauvaise nouvelle.

37

Pas chez nous

Qui fait la loi chez vous ? Nous n'irons pas jusqu'à dire que chaque famille a besoin d'une politique opérationnelle ou d'un énoncé de mission, mais, si vous voulez que le bonheur règne dans votre foyer, mieux vaut prévenir que punir.

Que vous en soyez conscient ou non, il existe des règles dans chaque famille. Cependant, au contraire des règlements de l'école, elles ne sont (habituellement) pas affichées sur les murs, et on manque souvent de constance pour les faire respecter.

Dans les faits, les familles qui s'entendent pour faire respecter certaines règles fonctionnent mieux que les autres, résolvent les problèmes de discipline plus efficacement, et les enfants qui en sont membres sont plus heureux, puisqu'ils savent à quoi s'attendre et comment se comporter.

FINI LES GROS JURONS

Il est préférable d'établir des règles qui ne s'adressent pas seulement aux enfants, mais à toute la maisonnée, y compris aux adultes, aux amis et aux enfants de familles reconstituées, qui passent seulement quelques jours par mois à la maison. À leur arrivée pour la fin de semaine, ces derniers peuvent se sentir stressés d'avoir à respecter des normes différentes de celles auxquelles ils sont habitués. Cela dit, les « maman nous laisse faire cela » s'estompent souvent d'eux-mêmes lorsque vous expliquez que vos conventions ne sont pas les mêmes et que tous les membres de la maisonnée doivent les honorer, même les visiteurs.

Pour établir des règles qui conviennent à tous, il importe de faire participer toute la famille au processus. Si vous vous limitez à demander aux préados quelles devraient être les normes, ils vous proposeront des choses comme « de la crème glacée au déjeuner » ou « se coucher plus tard ». Posez-leur plutôt des questions telles que :

- Selon vous, que devrions-nous faire pour que les membres de la famille s'entendent mieux ?
- Qu'est-ce qui vous dérange ?
- Que pouvez-vous faire pour vous amuser de manière plus sécuritaire ?

Si vous combinez les réponses de vos enfants avec les vôtres, vous découvrirez des souhaits communs : pas de coups, pas de vols, etc. Jean-Pierre et Céline ont trouvé une recette originale : « Nous concluons un marché avec les enfants, explique Jean-Pierre. Nous établissons deux règles, qu'ils doivent respecter, et ils en proposent deux, que nous devons honorer. » Les règles de Jean-Pierre et Céline sont simples : pas de batailles, pas de jurons. Leurs enfants ont été plus

ON PLONGE !

Rendez la participation aux réunions familiales obligatoire : les enfants sont en général plus malheureux d'avoir à subir des décisions prises en leur absence que d'être privés d'argent de poche, par exemple. Nous vous suggérons de répéter assez souvent les règles et de vous en tenir aux décisions prises. En outre, il vaut la peine de prendre le temps d'expliquer aux membres de la famille les conséquences du non-respect des normes.

précis : « Expliquez-nous ce qui se passe et ne prenez pas les décisions seuls. Ne nous blâmez pas et aidez-nous. » En fait, ils en avaient assez d'entendre leur mère crier qu'ils mettaient tout en désordre. Céline a fait d'énormes efforts pour parvenir à leur demander : « Comment pouvons-nous nous organiser pour mettre de l'ordre ? » Les enfants ont cessé de pousser des jurons, mais, en ce qui concerne les batailles, Jean-Pierre admet que le problème n'est pas encore complètement réglé.

Des règles précises, établies sur mesure par et pour votre famille, sont la clé du succès. Les Marchand vivent dans un phare. Pour économiser des pas, ils ont installé des paniers en haut et en bas de leur long escalier en spirale. Ils y mettent les objets qu'il faut monter ou descendre. Chacun doit prendre un article dans un des paniers dès qu'il gravit l'escalier ou le descend. Cette norme ne fonctionnerait pas dans un immeuble à logements, mais elle est parfaite pour cette famille.

QUELQUES RÈGLES SIMPLES

Pour les parents, les règles se transforment parfois en une liste de souhaits : ne pas courir, ne pas crier, ne pas sauter, ne pas éclabousser les autres. Le problème avec les listes de ce genre, c'est qu'elles piègent les enfants. Personne ne peut être en tout temps un

DE FIL EN AIGUILLE

À tous les beaux-parents : malheureusement pour vous, les parents biologiques sont les personnes les mieux placées pour savoir ce qui convient à leurs enfants. Lisez l'idée 40, « Des beaux-parents terribles ».

« Le civisme débute à la maison. »

HENRY JAMES

... ET ENCORE

La façon la plus juste et la plus simple d'introduire de nouvelles règles dans une famille, c'est d'en discuter au cours d'un réunion. Lisez l'idée 29, « À l'ordre ! ». Vos enfants ne seront pas nécessairement d'accord avec chacune des règles établies, mais il est préférable d'être un dictateur ouvert et bienveillant que de faire appliquer des normes de manière furtive, comme un autocrate fasciste.

modèle de vertu. Il est préférable d'établir quelques règles simples, que toute la famille comprendra et qui permettront de mettre l'accent sur ce qui compte vraiment.

LE PARTAGE

Les bambins doivent souvent suivre certaines règles pour apprendre à partager leurs jouets. Voici un bon compromis : gardez dans une aire commune les jouets qui peuvent être partagés, mais laissez dans la chambre de l'enfant ceux qui lui appartiennent en propre. Il faudra lui demander la permission avant de les prendre. Évidemment, cette règle ne fonctionne que si le petit a le droit de refuser qu'on touche à un de ses jouets. Réfléchissez : vous voulez enseigner à vos enfants à partager, mais seriez-vous prêt à laisser votre voiture à vos voisins, avec qui vous avez pris un café en une seule occasion ?

UN MÉLANGE APPROPRIÉ

Beaucoup de parents appliquent les règles auxquelles ils se sont eux-mêmes pliés dans leur enfance. Les parents de Sabina (l'auteure de ce livre) ont su trouver un juste équilibre entre l'éducation plutôt libérale de la mère allemande et la discipline rigoureuse à laquelle le père pakistanais avait été astreint. Ils ont inculqué à leur fille des valeurs précises : la politesse, la compassion, le travail avant le jeu, le respect des aînés.

> Pour qu'un enfant se sente valorisé, il doit vivre dans une atmosphère où on apprécie les différences de chacun, où on tolère les erreurs, où la communication est ouverte et où les règles sont flexibles : le genre d'atmosphère qui existe dans une famille bienveillante.
>
> *VIRGINIA SATIR, éducatrice et thérapeute familiale*

VOS QUESTIONS, NOS SOLUTIONS

Q

R

Nous avons établi une règle selon laquelle les enfants doivent se laver les mains avant le souper, mais ils oublient toujours de le faire.

Un rappel visuel devrait les aider. S'ils sont trop jeunes pour lire, ils pourraient dessiner un robinet et une main sur une feuille de papier, puis coller celle-ci au mur.

Q

R

Notre fille ne cesse de se plaindre des règles que nous avons établies. Elle dit que les parents de ses amies sont plus indulgents que nous.

Nous connaissons la rengaine : « Maman, toutes mes amies ont le droit de se teindre les cheveux en mauve, de se faire percer la langue, de vivre en appartement, etc. » Vous n'avez pas à défendre vos positions. Tant que vos enfants vivent dans la maison familiale, ils doivent se plier aux règles de la famille. Par ailleurs, se peut-il que vous soyez trop sévère ? Si les autres enfants de six ans ne consacrent qu'une demi-heure à leurs devoirs et que votre fille doit passer cinq heures à étudier le soir, il est peut-être temps de revoir vos règles.

Un enfant est capable d'apprendre à ne pas faire certaines choses, comme toucher le dessus de la cuisinière, allumer le chauffage, jeter des lampes par terre ou réveiller maman avant midi !

JOAN RIVERS

38

L'alcool, la cigarette et les drogues

La plupart des jeunes de onze ans sont tout à fait opposés à l'usage de l'alcool, du tabac et des drogues, mais, trois petites années plus tard, entre 20 et 30 % d'entre eux en ont fait l'essai. Pourquoi ?

Étouffez dans l'œuf les dépendances des adultes de demain.

L'ALCOOL

L'alcool est la drogue préférée des adolescents, et ce, pour les **3 raisons** suivantes :

1. Les magazines, les films, la télé et les amis en font l'apologie.

2. On peut facilement se procurer de l'alcool (jetez un coup d'œil dans votre frigo).

3. L'alcool permet de faire face à l'ennui ou au stress.

Montrez à vos enfants à s'amuser et à s'instruire (idée 46, « Pour les jours de pluie »), aidez-les à trouver des moyens de gérer leur stress (idée 36, « Gérer le stress »), soyez franc en ce qui concerne les dangers de la consommation d'alcool chez les mineurs, et vous serez à mi-chemin de la réussite.

Et le reste du parcours ? Si vous commencez à leur parler d'alcool assez tôt, vos enfants seront plus enclins à se confier à vous à l'adolescence. Il n'est pas évident de discuter avec des enfants des annonces qui paraissent à l'écran et dans les magazines, ni de leur demander ce qu'ils pensent de celles qui encouragent la consommation d'alcool. Cependant, dites-vous que ces échanges porteront leurs fruits.

Comme nous l'avons déjà écrit, les enfants sont des imitateurs. S'ils vous voient ivre mort tous les soirs, vous ne les impressionnerez pas avec des phrases du genre « pas d'alcool avant l'âge de trente ans ». Expliquez-leur que les adultes peuvent boire de l'alcool en petites quantités, que ce dernier leur plaît parce qu'il a bon goût et qu'il les aide à se relaxer. Si jamais vous avez la gueule de bois, soyez franc et expliquez à vos enfants que, lorsque les adultes boivent trop, ils se sentent malades. Beaucoup de préadolescents demandent à leurs parents pour quelles raisons ils ne peuvent pas boire d'alcool. Vous pouvez leur répondre qu'un être qui est dans sa phase de croissance réagit mal à cette substance. Par ailleurs, il est préférable d'habituer graduellement vos jeunes à l'alcool, par exemple en versant un peu de vin dans leur verre de limonade, que de leur interdire tout alcool jusqu'à leur 16e anniversaire… jour où ils tomberont peut-être dans un coma éthylique.

ON PLONGE !

Profitez de toutes les occasions de discuter avec vos enfants. Si vous croisez une sans-abri héroïnomane en allant faire les courses, parlez-leur des conséquences de la toxicomanie ainsi que des choix qui s'offrent à chacun en ce qui concerne les drogues. Encouragez-les à vous dire ce qu'ils pensent de la descente de police chez les narcotrafiquants du coin. Si vous savez ce qui intéresse vos enfants et connaissez leurs amis, ils se confieront plus facilement à vous, et vous risquerez moins d'avoir de mauvaises surprises.

LA CIGARETTE

Josée a enlevé à son fils Antoine (qui a maintenant une vingtaine d'années) toute envie de fumer dès son plus jeune âge. « À l'époque, mon frère fumait. J'approchais Antoine de la tête de ce dernier et, après lui avoir fait sentir ses cheveux, je lui disais : "Tu vois comme ça pue." » À d'autres occasions, elle montrait à son fils que la cigarette donne une mauvaise odeur aux vêtements, à l'haleine et aux cheveux. Elle lui a par la suite appris que le tabac laisse de petites taches noires sur les poumons, ce qui nuit à la respiration. Elle lui a dit que beaucoup de gens meurent du cancer du poumon, qui se développe en raison des substances toxiques contenues dans les cigarettes. Puis, un de leurs voisins est décédé des suites de problèmes cardiaques provoqués par le tabac. Antoine travaille maintenant comme hypnothérapeute et aide les gens à cesser de fumer.

> ### DE FIL EN AIGUILLE
>
> Vos enfants ne veulent peut-être pas aborder le sujet des drogues avec vous, mais ils pourraient être prêts à recevoir des conseils de leurs grands-parents à ce propos. Dans l'idée 12, « Les grands-parents : aide ou nuisance ? », on décrit la relation spéciale qui unit ces derniers à leurs petits-enfants.

LES DROGUES

Lorsqu'un enfant surprend un membre de la famille, une gardienne ou toute autre personne de son entourage à faire usage de drogues, il n'est plus possible de nier la réalité : la drogue fait partie de la vie. Si l'enfant confie ce type de découverte à ses parents, ceux-ci doivent conserver leur calme, car, s'ils font une scène, le jeune risque par la suite de garder pour lui les secrets de ce genre. Ils doivent discuter de ce qu'a vu l'enfant et de ce qu'il a ressenti. Ils l'aideront en lui expliquant clairement leur point de vue.

Les préadolescents comprennent que les drogues sont des produits chimiques potentiellement dangereux. Ils saisissent qu'elles ont des effets sur le comportement, les sentiments et la façon de réfléchir. Le plus souvent, les jeunes qui ont envie de tenter l'expérience respirent de la colle, du dissolvant de vernis à ongles ou du décapant pour peinture. Il est important de bien renseigner votre progéniture, car, chaque année, des enfants meurent après avoir inhalé, souvent pour la première fois, des vapeurs de colle. Ceux qui font usage de drogues ont une faible estime de soi ; il est donc important de les aider à améliorer leur confiance en eux-mêmes. Lisez l'idée 35, « Une bonne estime de soi ».

Les enfants d'âge scolaire sont capables de retenir le nom de différentes drogues et de se rappeler que l'héroïne et la cocaïne créent une accoutumance dont il est difficile de se défaire. Ils comprennent qu'une surdose de ces substances peut entraîner la mort. Pour expliquer les dangers du LSD à son fils, Florence a utilisé l'image suivante : « Parfois, cette drogue produit des effets agréables ; à d'autres moments, elle fait vivre des cauchemars à la personne qui en fait usage. Celle-ci voit des choses comme des araignées géantes, et il lui est impossible de se réveiller pour les éloigner. » Quant à Georges, il a parlé du cannabis à ses fils en ces termes : « Beaucoup de nos amis ont fumé de l'herbe. La plupart du temps, ça les rendait heureux, mais, de temps en temps, ils se sentaient effrayés. Leurs idées étaient embrouillées, et ils avaient de la difficulté à se souvenir de certaines choses. »

VOS QUESTIONS, NOS SOLUTIONS

Q **Je suis presque certaine que mon fils David, qui a neuf ans, fume. Mon conjoint et moi ne fumons pas et nous lui avons expliqué les dangers de la cigarette. Que pouvons-nous faire d'autre ?**

R D'abord, vous devez savoir comment il obtient ses cigarettes. S'il les achète dans un magasin, signalez ce fait à la police. Vous pourriez aussi discuter de la chose avec des parents dont les jeunes fument. Surtout, il vous faut maintenir le dialogue avec votre fils, en insistant sur les dangers de la cigarette et sur les raisons pour lesquelles votre conjoint et vous n'avez pas succombé à cette mauvaise habitude. Si cela peut vous consoler, sachez que vous êtes mieux placée que les parents fumant trois paquets par jour pour prendre position contre le tabac.

Les parents ouverts, honnêtes, réceptifs et francs favorisent l'estime de soi, l'équilibre et le sens de la justice chez leurs enfants. Ils leur fournissent un milieu approprié pour penser, évaluer les options, prendre des décisions et agir de manière responsable. Le dialogue sain entre parents et enfants doit débuter tôt, dès la première question.

D^{re} MIRIAM STOPPARD,
spécialiste de l'éducation des
enfants et de la santé des femmes

39

Des enfants dégourdis

Nous vivons dans un monde dur. Voilà pourquoi bien des parents veulent garder leurs enfants à l'intérieur jour et nuit. Cependant, si vous ne leur apprenez pas ce qu'est le monde réel, vous vous retrouverez avec des « Tanguy » de trente-sept ans incapables de traverser la rue ! Et ça, c'est vraiment effrayant.

Si vous écoutez les bulletins de nouvelles, vous pensez peut-être qu'on kidnappe des enfants à chaque coin de rue. Bien sûr, les choses ne sont pas aussi dramatiques. De toute façon, il faut que vos jeunes apprennent à vivre sans vous : en vieillissant, ils auront besoin de plus de liberté.

Les enfants s'épanouissent lorsqu'ils peuvent explorer le monde extérieur. Leur confiance en eux-mêmes s'accroît alors. Cela dit, avant de se lancer dans le monde, il faut qu'ils sachent comment traverser les rues passantes, éviter les accidents, retrouver leur chemin s'ils se perdent et éviter de se faire maltraiter. Pour faire de vos rejetons des enfants dégourdis, encouragez-les à réfléchir et à agir par eux-mêmes.

L'ATTRAIT DE LA RUE

Louis, un garçonnet de sept ans, s'est fait frapper par une automobile parce qu'il avait mal jugé la vitesse à laquelle il pouvait traverser la rue. En reculant avec sa voiture, Alain n'a pas vu que son bambin jouait dans l'entrée du garage. À six ans, Tristan a décidé de courir dans la rue pour rattraper son nouveau chaton. La plupart des parents et des professeurs enseignent aux enfants des règles de base en matière de sécurité routière. Malgré tout, nombre de bambins se font blesser ou tuer chaque jour par des automobiles.

Les enfants sont des imitateurs. C'est donc en leur donnant l'exemple que les parents peuvent leur apprendre à respecter les règles de sécurité routière. Ils savent mieux que leurs petits comment juger la distance à laquelle se trouve une voiture et la vitesse à laquelle elle se déplace. Cependant, il ne sert à rien d'enseigner ces règles à vos enfants s'ils vous voient brûler des feux rouges. Quand vous êtes à pied avec eux, attendez d'être au coin pour traverser, ne franchissez les rues qu'aux passages piétonniers et regardez les conducteurs dans les yeux avant de passer devant leurs automobiles.

ON PLONGE !

À l'occasion d'une prochaine sortie, demandez à vos enfants de choisir un bon endroit pour traverser la rue et de vous dire à quel moment il est sécuritaire de le faire. En mettant en pratique leurs idées, ils apprendront à en confirmer la pertinence et à s'en souvenir. Vous pourriez aussi leur demander : « Si vous vous perdez ici, à qui pourriez-vous aller demander de l'aide ? » Essayez de garder un ton neutre, car votre but est d'en faire des êtres autonomes, et non de les effrayer et de les rendre dépendants de vous.

À DEUX ROUES

Le jour où votre enfant apprend à conduire son vélo sans roues stabilisatrices, il franchit une étape importante vers son autonomie. Soudain, il peut explorer le voisinage sans la présence de papa. Toutefois, même lorsqu'ils surveillent leur petit explorateur, la majorité des parents s'inquiètent des dangers des randonnées à vélo. Et ils ont raison : après l'automobile, la bicyclette est la cause du plus grand nombre de blessures chez les enfants. Il existe pourtant un moyen simple de réduire ce risque de 85 % : le port du casque. Il faut bien choisir ce dernier. Je frémis lorsque je vois des parents en acheter un à leur enfant sans le leur faire essayer. Il faut s'assurer que le casque tient bien sur sa tête et qu'il lui couvre le front. Le casque n'est pas seulement utile à vélo ; protégez la tête de vos enfants en le leur faisant porter lorsqu'ils font du patin et de la planche à roulettes, ou lorsqu'ils vont à scooter.

DE FIL EN AIGUILLE

Vous avez besoin de conseils pour aider vos enfants à s'affirmer et à être capables de dire non ? Lisez l'idée 33, « Mettre fin à l'intimidation ».

PERDUS ET RETROUVÉS

Pour les enfants, il est effrayant de se perdre, mais il est rassurant d'avoir une personne qui les aide à retrouver leur maman. Voilà pourquoi ils doivent savoir à qui s'adresser pour obtenir du secours. Apprenez-leur à faire appel aux personnes suivantes, dans l'ordre :

• Un policier ou une policière
• Un agent de sécurité
• Une personne en uniforme (brigadier scolaire, surveillant)
• Une femme avec des enfants
• Une femme sans enfants

Avant de m'accuser de sexisme, sachez que les enfants risquent moins d'être enlevés par des femmes que par des hommes ; il est donc avisé de leur dire de faire appel à celles-ci. La plupart des parents apprennent à leurs enfants à donner leur nom, leur adresse et leur numéro de téléphone. Il vaut aussi la peine de vérifier si les bambins connaissent le nom complet de leurs parents et s'ils sont capables de les nommer autrement que par papa et maman.

Certains enfants ne se perdent jamais. D'autres semblent être doués pour le faire : ils s'égarent entre les présentoirs de vêtements dans les magasins, sortent du champ de vision de leurs parents au parc ou disparaissent derrière un arbre. Si vous avez un enfant de ce genre, achetez-lui un sifflet. Je sais que ça peut paraître bizarre, mais dites-vous que cet article ne coûte pas cher, qu'il a des couleurs vives et qu'un enfant se lassera moins vite de siffler que de crier ou de pleurer. Une mise en garde : racontez à votre petit l'histoire du garçon qui criait au loup ; vous éviterez ainsi qu'il utilise son sifflet sans raison.

GARDER UN SECRET

J'ai visité une école où un policier avait expliqué à des enfants de six ans que des hommes pouvaient leur offrir des friandises. Il leur avait fait promettre de ne jamais garder ce genre de secret. L'après-midi même, les

Nous avons peut-être fait erreur en enlevant des responsabilités à nos enfants et en ne leur laissant pas faire assez de découvertes par eux-mêmes.

HELEN HAYES, actrice et écrivaine, lauréate du Jefferson Award pour son travail humanitaire

élèves ont fabriqué des fleurs en papier pour la fête des Mères. L'enseignante leur a demandé de conserver le secret jusqu'à cette fête, sans quoi ce ne serait pas une surprise pour les mamans. Les bambins ne s'y retrouvaient plus.

Vous avez sans doute remarqué que les petits prennent souvent les choses au pied de la lettre. Insistez donc sur la différence entre un secret qu'on garde pour faire une belle surprise et un secret qu'on doit dire aux parents. À votre prochaine réunion de famille (lisez l'idée 29), énoncez une règle telle que : il ne faut jamais garder secrètes des choses comme des câlins, des baisers ou l'identité de celui qui a mangé le dernier biscuit au chocolat !

LE MYTHE DE L'ÉTRANGER DANGEREUX

En apprenant à vos petits qu'ils doivent se méfier des « dangereux étrangers », vous perdez votre temps. En effet, les enfants agressés le sont principalement par des personnes de leur entourage. Et attention : les jeunes ne donnent pas toujours au mot « étranger » le même sens que les adultes. Qui est un étranger ? Le vendeur qui les a servis au magasin ? L'aide-enseignant si aimable ? Le nouveau copain de tante Joannie ? Les parents astucieux apprennent à leurs enfants à dire non à toute personne, connue ou non, qui fait ou dit des choses qui les effraient, les rendent mal à l'aise ou les embarrassent.

Mon père avait bien raison quand il disait que les enfants doivent s'occuper de leur propre éducation. Les parents ne peuvent que leur donner de bons conseils ou les mettre sur la bonne voie.

ANNE FRANK, Le journal d'une jeune fille

VOS QUESTIONS, NOS SOLUTIONS

Q **Lorsque j'étais enfant, je passais beaucoup de temps à m'amuser dehors. Cependant, il y a tellement de pervers de nos jours que je suis vraiment inquiète pour mes enfants. Ai-je tort de les garder à l'intérieur ?**

R Étant donné toutes les histoires d'enlèvements, de viols et de meurtres d'enfants dont on entend parler dans les médias, il est compréhensible que vous vous inquiétiez. Toutefois, sachez que ces événements tragiques se produisent rarement et que vos enfants courent peu de risque d'en être victimes. En gardant vos petits à l'intérieur, vous les exposez à d'autres risques, peu médiatisés ceux-là : ils risquent de s'ennuyer, de manquer d'amis, de ne pas développer leurs intérêts et d'avoir de la difficulté à socialiser à l'adolescence et à l'âge adulte.

Q **Si j'apprends à mon fils à refuser tout contact physique, risque-t-il de devenir peu affectueux ?**

R Vous voilà devant un dilemme. Les enfants aiment les câlins, et ceux-ci doivent faire partie de leur vie. Malheureusement, une minorité d'adultes mal intentionnés exploitent la situation. Il serait désastreux d'apprendre à votre fils de repousser tout contact physique. Enseignez-lui plutôt à refuser les attouchements qui le rendent mal à l'aise et à ne jamais garder le secret sur ce genre de situation. Si vous avez de la difficulté à aborder ce sujet avec lui, lisez l'idée 38, « Les cigarettes, les drogues et l'alcool ». S'il se prend en mains, il continuera d'être affectueux tout en étant plus à l'aise sur le plan social.

40

Des beaux-parents terribles

Terrible : méchant, désagréable, malicieux.
Terrible : excellent, remarquable, formidable.
Nous vous aiderons à aller dans le bon sens.

Cendrillon, Blanche-Neige et Harry Potter sont tous persécutés par des belles-mères malfaisantes. Dans les livres, les ballets, les films et le folklore, les beaux-parents ont mauvaise presse ; ils sont souvent représentés comme des personnes de deuxième ordre.

Les luttes de pouvoir entre parents et beaux-parents minent souvent les relations. Pourtant, les enfants élevés auprès de beaux-parents ont souvent l'avantage de vivre dans une grande famille et de se familiariser avec une autre langue ou une autre culture. Dans certains cas, les enfants uniques peuvent enfin avoir des frères et des sœurs.

3 SECRETS À L'INTENTION DES BEAUX-PARENTS

Rassurez-vous, tout n'est pas perdu !

1. L'amour ne se commande pas

Ne vous attendez pas à ce que les enfants de votre conjoint vous chérissent immédiatement. Les bambins d'âge préscolaire s'attachent à leurs beaux-parents en une année ou deux. Par contre, les préadolescents mettent plusieurs années à tisser des liens avec un beau-parent, parfois même un nombre d'années équivalant à l'âge qu'ils avaient au moment où ce dernier est entré dans leur vie. Par conséquent, si la fille de onze ans de votre conjoint vous déteste, ne vous en faites pas trop jusqu'à son 21e anniversaire.

Certains enfants craignent de manquer de loyauté envers leurs parents biologiques s'ils semblent apprécier la compagnie d'un beau-parent. Pour ne pas envenimer les choses, celui-ci devrait éviter de critiquer les parents biologiques du petit. Par ailleurs, il est bon de se rappeler que les meilleurs beaux-parents du monde ne pourront jamais remplacer un parent biologique décédé. Si vous êtes dans cette position, considérez-vous comme un « parent de surplus », et non comme un « parent de remplacement ».

> **ON PLONGE !**
>
> Traitez les enfants de votre conjoint comme des rois. La reine d'Angleterre a deux anniversaires : le vrai et l'officiel. Si ça fonctionne pour elle, ça devrait marcher pour les rejetons de votre conjoint.

> Certaines belles-mères sont étonnées de découvrir qu'elles éprouvent du ressentiment, de l'anxiété, de la jalousie, de l'indifférence ou même de l'antipathie à l'égard des enfants de leur conjoint. Ces sentiments négatifs sont tout à fait normaux, mais difficiles à admettre et encore plus difficiles à vivre.
>
> *PEARL KETOVER PRILIK, belle-mère et auteure de* Another Kind of Love

2. Créer des souvenirs et des traditions

La plupart des familles nucléaires ont des albums de photos qui donnent aux enfants un sentiment de stabilité et qui leur permettent de se souvenir de journées spéciales. Les beaux-parents peuvent eux aussi créer des albums. Chacun pourrait y inclure des photos de sa famille nucléaire, puis y ajouter des photos de la famille reconstituée. Munissez-vous d'appareils jetables lorsque vous organisez une sortie avec toute la famille. Essayez aussi de prévoir au moins une journée par année où la belle-famille sera réunie. Les occasions de ce genre sont en général rares, car les enfants vont souvent passer leurs vacances avec leurs parents biologiques.

> **DE FIL EN AIGUILLE**
>
> Les principaux problèmes vécus par les familles reconstituées sont attribuables à des styles d'éducation différents. Il peut être difficile de savoir ce qui va fonctionner le mieux, surtout lorsque les parents ne s'entendent pas. Lisez l'idée 19, « Être sur la même longueur d'onde ».

Les belles-familles qui fonctionnent bien créent des rituels facilitant la transition d'une famille à l'autre. Proposez des façons différentes de célébrer les anniversaires et les occasions spéciales, afin que les enfants ne se sentent pas coincés entre leurs deux familles.

3. Ne pas être trop sévère trop vite

En matière de discipline, il faut y aller avec des gants blancs. Les enfants peuvent être désorientés lorsqu'un nouveau beau-parent se met à faire la discipline, à reformuler les règles familiales et à donner des punitions. Il est difficile d'élever les enfants de quelqu'un d'autre ; en conséquence, ne vous en faites pas s'il vous faut deux fois plus de temps que prévu pour faire observer une certaine discipline.

EN VISITE

Les enfants qui passent leurs fins de semaine chez leur « vrai » père n'aiment en général pas subir la présence de la petite amie de ce dernier. Si vous êtes une belle-mère de fin de semaine, essayez de ne pas vous imposer. Durant trois ans, Judith a subi le silence des enfants de son conjoint au souper du dimanche. Heureusement, après s'être mise à accompagner Mélanie chez la coiffeuse et avoir montré à Mathieu qu'elle était capable de réparer une crevaison, elle a fini par les voir s'attacher à elle. Une règle d'or : n'allez pas trop vite. Assurez-vous que l'ancienne conjointe de votre partenaire est d'accord avant de faire raser les longs cheveux de sa fille. Elle acceptera peut-être mieux que vous vous contentiez d'appliquer du vernis transparent sur les ongles de son enfant.

Les deux fils délinquants venaient chez nous la fin de semaine et mettaient la maison à l'envers. Bien sûr, je devais être gentille avec eux. J'étais la belle-mère terrible, et tout le tralala.

DEBORAH MOGGACH,
The Ex Wives

S'ENTENDRE AVEC L'EX

Traiter l'ex de votre conjoint en amie pourrait être votre geste le plus sensé. Les enfants s'entendront mieux avec vous si leur mère et vous êtes en bons termes. Si celle-ci ne vous fait pas confiance, pourquoi se fieraient-ils à vous ? Une bonne façon d'instaurer la relation est de demander à la mère si vous pouvez inviter des amis des enfants à coucher à la maison la prochaine fois que vous les aurez sous votre garde.

Charlotte a fini par se lier d'amitié avec l'ex de son mari : « Lorsque je suis arrivée, Annie me considérait comme une jeune rivale aux gros seins. Cependant, lorsqu'elle s'est rendu compte que je ne savais ni faire à manger ni jouer au tennis, un sport qu'adorent ses enfants, son sentiment de rivalité s'est atténué. » Charlotte a commencé par aller chercher les enfants chez Annie le vendredi soir, en finissant de travailler : « Je savais qu'en tant que chef de famille monoparentale elle devait faire attention à son budget et qu'elle serait contente de ne pas avoir à dépenser l'argent requis pour venir conduire les enfants chez nous. Avec le temps, nous nous sommes mises à jaser et à prendre un café ensemble. J'ai aussi appris à mieux connaître les enfants pendant qu'ils étaient dans la voiture avec moi. »

UN NOUVEAU VENU

Un bébé crée des liens entre les membres des familles reconstituées. Voilà une bien belle théorie, mais, en pratique, les choses sont différentes. Si vous décidez d'avoir un bébé « à vous », commencez par en informer les enfants actuels, de préférence lorsqu'ils sont ensemble ; cela permettra de minimiser les prises de bec entre frères et sœurs. Renseignez-les sur les conséquences de votre choix : déménagement, budget plus serré, chambres à partager. Les jeunes seront mécontents, mais ils auront le temps de s'adapter à la situation. Vous n'en subirez donc pas tous les contrecoups au moment de la naissance du bébé.

VOS QUESTIONS, NOS SOLUTIONS

Q Lorsque je gronde le fils de mon conjoint, il ne tient pas compte de ma réprimande et il me répond : « Maman me laisse faire ça. » Lorsque je lui retire certains privilèges, il fait des choses désagréables, comme renverser du miel sur mes vêtements.

R L'autorité parentale est proportionnelle à la profondeur du rapport parent-enfant. Le lien qui vous unit au fils de votre conjoint est encore faible. Les beaux-parents font souvent l'erreur de vouloir imposer trop rapidement leurs règles aux enfants. Prenez le temps de bâtir la relation et laissez au père les questions de discipline.

Q Mon petit ami voit ses enfants très rarement et, lorsqu'il est avec eux, il ne semble pas trop savoir quoi faire. Comment puis-je les aider ?

R Il est triste de constater que, deux ans après le divorce, un homme sur deux n'a plus de contact avec la famille qu'il a laissée. Pour aider votre ami à créer des liens avec ses enfants, lisez l'idée 42, « Parents à temps partiel », et l'idée 52, « Pour occuper la fin de semaine ». Sur le plan pratique, il est utile d'avoir une relation amicale avec l'ex et de ne pas vivre trop loin de chez elle.

41

Un déménagement facile à vivre

Si l'idée de changer de domicile vous fait plaisir, vous vous demandez sûrement pourquoi le reste de la famille ne pense pas comme vous. Voici comment transformer un parcours cahoteux en une aventure inoubliable.

Les déménagements sont des moments stressants. Les parents ont énormément de choses à faire et à organiser. Les enfants se sentent donc souvent tenus à l'écart, même sur le plan émotionnel.

Lorsque vos enfants vous feront savoir qu'ils détestent leur nouvelle chambre, vous déchanterez peut-être un peu. Pendant que vous vous concentrez sur les questions pratiques, les enfants s'inquiètent de tout ce qu'ils perdront en conséquence du déménagement : leurs amis, leur école, leur enseignant préféré, leur chambre et leurs cachettes. Il n'est pas facile de préparer les jeunes à un déménagement ni de les y faire participer. Loin de nous l'idée de vous voir confier à vos enfants les tâches d'un agent immobilier, mais il y a moyen de faciliter la transition.

Dès que vous savez que vous allez déménager, voyez si vous pouvez aborder la question dans un jeu. Pendant qu'elles jouent avec leur maison de poupées, demandez à vos filles ce que leurs poupées feraient si elles avaient à changer de domicile. Les parents qui évitent d'informer leurs enfants d'un déménagement prochain font par la suite face à une plus grande résistance de la part de ces derniers.

QUELQUES MOIS AVANT LE DÉMÉNAGEMENT

Décrivez votre nouvelle maison à vos enfants. Même si l'achat d'une propriété ou le choix d'une région n'est pas du ressort de vos petits, vous pouvez les faire participer à certaines décisions, comme le choix des couleurs de leur chambre. Les plus vieux pourraient aussi dessiner un plan en relief ou faire une maquette de leur chambre pour décider comment y placer leurs meubles. Si vos enfants sont trop jeunes pour prendre part à ce genre de projet, sachez que leur nouvelle chambre devrait, dans la mesure du possible, ressembler à l'ancienne.

> **ON PLONGE !**
>
> Les enfants ont de plus en plus d'exigences en ce qui concerne leur chambre à coucher. Demandez à vos rejetons de vous aider à planifier l'aménagement de leur chambre, à en choisir les couleurs et la décoration. Une housse de couette avec le motif de leur bande dessinée préférée ou un sac à pyjamas Harry Potter pourrait faire toute la différence.

QUELQUES SEMAINES AVANT LE DÉMÉNAGEMENT

Il est bon de faire visiter la nouvelle maison et le nouveau quartier à vos enfants. Profitez-en pour organiser une chasse au trésor. Préparez une liste des « trésors » locaux, comme le zoo, leur nouvelle école, le chêne immense qui se trouve dans le voisinage, et rendez-vous à chacun de ces endroits. Les plus vieux pourront eux-mêmes trouver les parcs et terrains de jeu sur une carte de la ville. Lorsqu'ils verront leur nouvelle chambre, pourquoi ne pas la photographier afin qu'ils puissent la montrer à leurs amis ? Toutes ces choses facilitent le déménagement et donnent aux enfants le goût de vivre dans leur nouvelle maison.

QUELQUES JOURS AVANT LE DÉMÉNAGEMENT

Nous connaissons un petit garçon qui craignait de ne plus revoir ses jouets lorsque ses parents les auraient mis dans des boîtes. Il est parfois utile de rappeler aux bambins qu'il faut empaqueter les objets pour les transporter dans la nouvelle maison. La plupart des préadolescents sont capables d'emballer des articles peu fragiles, comme des jeux de société et des jouets en plastique. Nous vous conseillons d'éviter de changer de mobilier au moment de déménager, puisque les vieux meubles, et surtout les lits, procurent aux enfants un sentiment de sécurité et de bien-être.

LE JOUR DU DÉMÉNAGEMENT

Si possible, organisez-vous pour que vos enfants passent cette journée avec des amis ou des membres de la famille. Vous serez fort occupé ce jour-là, et vous n'aurez pas le temps de jouer avec eux ni de leur tenir compagnie. Vos petits voudront sans doute garder avec eux un jouet auquel ils tiennent particulièrement. Conservez à portée de main des chapeaux de fête, des croustilles et des banderoles illuminées. Commencez par défaire les boîtes des enfants pour que leurs chambres soient prêtes à leur arrivée et qu'ils puissent s'y réfugier.

APRÈS LE DÉMÉNAGEMENT

Félicitations ! Vous voilà dans votre maison de rêve. Faites de cette première soirée un événement mémorable. Bien sûr, vos casseroles sont encore emballées et vous n'avez pas le goût de préparer un festin. Allez chercher des mets pour emporter. Sortez vos chapeaux de fête, vos croustilles et vos banderoles pour célébrer votre arrivée dans votre nouveau foyer.

DE FIL EN AIGUILLE

Vous déménagez ? Vous êtes stressé ? Si c'est le cas, le reste de la famille l'est sans doute aussi. Lisez l'idée 36, « Gérer le stress ».

La maison idéale : assez grande pour vous permettre d'entendre les enfants, mais pas trop.

MIGNON MCLAUGHLIN,
The Second Neurotics
Notebook

VOS QUESTIONS, NOS SOLUTIONS

Q

Notre fille de quatre ans a fait une grosse colère lorsque nous lui avons appris que nous allions déménager en ville.

R

Même s'il paraît tentant de ne plus évoquer le sujet, essayez de l'aborder de nouveau avec votre fille. Parlez-lui d'une chose qu'elle trouvera vraiment extraordinaire dans votre nouveau quartier, comme un marché en plein air ou un musée de jouets. Allez vous promener avec elle dans le voisinage de la nouvelle demeure, pour « découvrir » l'endroit. Mettez l'accent sur les aspects positifs de la vie à la ville. Il est bon qu'elle vous ait fait savoir ce qu'elle ressentait à l'idée de déménager, mais la colère n'est pas une façon saine de communiquer. Lisez l'idée 11, « Dompter les accès de colère ».

Q

Est-il préférable de déménager pendant les vacances ou durant l'année scolaire ?

R

Il n'y a pas de bonne réponse à cette question. Les enfants qui déménagent à la fin de l'année scolaire ont tout l'été pour s'habituer à leur nouvel environnement, et ils ont l'avantage de retourner en classe en même temps que leurs camarades. Le plus grand inconvénient d'un déménagement en été est que les enfants doivent passer la belle saison sans leurs anciens amis et attendre le retour à l'école pour s'en faire de nouveaux. Malgré tout, nous préconisons les déménagements estivaux : il n'y aura pas de rupture dans le parcours scolaire de vos enfants, et ceux-ci pourront tout de suite se mettre à fréquenter des enfants de leur âge dans leur nouveau quartier.

42

Parents à temps partiel

Souvent en voyage d'affaires? En achetant une poupée Barbie ou un avion télécommandé hors de prix à vos enfants, vous pourriez vous sentir moins coupable, mais vous ne mettriez pas nécessairement du baume sur leur cœur. Voici quelques secrets que des parents à temps partiel nous ont confiés.

Séparation, divorce, emploi dans les forces armées ou comme camionneur longue distance, travail à l'étranger, voyages d'affaires fréquents : voilà quelques-unes des nombreuses raisons qui obligent certaines personnes à devenir des parents à temps partiel.

LE RETOUR À LA MAISON

Comme il est désagréable de sentir que vos enfants sont froids avec vous quand vous revenez à la maison ! Si vous leur expliquez la situation, vos retours seront moins déplaisants. Il arrive que les bébés pleurent et refusent de se faire prendre par leur parent quand ce dernier revient. Il ne faut pas le prendre personnellement. Même si l'absence n'a été que de courte durée, il est normal qu'un bébé soit méfiant et traite son parent comme un étranger. Si votre bébé semble ne pas vous reconnaître, parlez-lui pour lui donner la chance d'identifier votre voix.

Au retour d'un parent, les bambins lui demandent parfois beaucoup d'attention, le font sortir de ses gonds ou le font sentir coupable d'être parti. Ils n'agissent pas ainsi par malveillance, mais parce que la séparation les a rendus anxieux et qu'ils craignent d'être abandonnés. Quant aux enfants d'âge scolaire, ils peuvent bouder leur parent à temps partiel. Comme ils sont habitués d'avoir toute l'attention de l'autre parent, ils cherchent souvent des moyens de s'attirer encore plus de sollicitude, par exemple en prétextant des maux de ventre.

> **ON PLONGE !**
>
> Les habitudes aident les enfants à s'adapter au changement. Pourquoi ne pas adopter une routine pour les retours ? Vous pourriez aller jouer au bowling le lendemain de l'arrivée des enfants chez vous ou préparer un gâteau avec des bougies quand maman revient de voyage.

Les parents à temps partiel ont parfois la folie des grandeurs. Le parent qui revient de voyage avec des cadeaux exotiques obtient l'admiration de ses enfants, alors que l'autre, qui est aux prises avec le quotidien, reste dans l'ombre. Attention : lorsque le parent prodigue reviendra à la maison pour de bon, il aura peut-être du mal à continuer de se montrer à la hauteur de sa réputation.

ÊTRE AU LOIN, MAIS RESTER EN CONTACT AVEC LA MAISON

Nous suggérons aux parents qui doivent aller à l'extérieur d'envoyer des courriels ou de téléphoner régulièrement à leurs enfants, à des moments prévus avant le départ. Les préadolescents doivent avoir des contacts écrits ou verbaux avec le parent au moins deux fois par semaine, et idéalement trois. Il existe de nombreuses façons de partager des sentiments, des nouvelles et des expériences avec le reste de la famille.

À titre de membre d'une compagnie d'opéra, André doit souvent travailler à l'extérieur. Ses enfants ont affiché de grosses photos de lui sur un tableau. Dès qu'ils pensent à une chose qu'ils voudraient lui dire, leur mère l'écrit sur le tableau. Ainsi, lorsqu'elle parle à André au téléphone, elle peut lui faire part des dernières nouvelles.

Kelly et Louis photocopient les bulletins scolaires, les certificats de ballet et les autres documents pour les envoyer à leur père, qui est en prison.

Lorsque la mère de Michael est allée assister à un congrès à l'extérieur de la ville, le garçon a été déçu : il savait qu'elle ne pourrait voir son trophée de tir à l'arc, puisque chacun des membres de l'équipe ne l'aurait en sa possession que durant une semaine. Son père a pris une photo numérique du trophée et l'a envoyée par courriel à la maman de Michael.

> Si vous n'avez jamais subi la haine d'un enfant, c'est que nous n'avez jamais été parent.
>
> *BETTE DAVIS*

Les parents de Léa sont divorcés. La première dent de la fillette est tombée pendant qu'elle était en vacances chez son père. Celui-ci l'a mise dans une boîte d'allumettes et l'a envoyée par courrier à la mère de Léa.

Cédric a commencé à suivre des cours de piano pendant que son père était à l'extérieur du pays, en service avec l'armée. Il lui a envoyé un enregistrement maison des pièces qu'il avait apprises. Cette méthode fonctionne dans les deux sens : chaque année, Louise, qui est juge, doit voyager d'un bout à l'autre du pays durant plusieurs semaines pour arbitrer certaines causes. Une fois par semaine, elle transmet à sa famille un journal audio, qui raconte ce qu'elle a fait au cours des sept derniers jours.

Le père de Zoé est guide de voyage. Avant chaque départ, il remet une carte plastifiée à sa fille. Pendant le voyage, il lui envoie régulièrement des cartes postales lui indiquant où il se trouve. Pour chaque endroit, elle plante une punaise sur la carte plastifiée. Elle peut donc suivre son père à la trace durant tout le périple. Elle possède aussi un calendrier spécial, dans lequel elle coche chaque journée qui la sépare du retour de son père.

«POUVONS-NOUS NOUS COUCHER PLUS TARD CE SOIR?»

On peut avoir tendance à laisser tomber la discipline lorsqu'on est seul à devoir la faire respecter. Cependant, les parents qui changent les règles lorsque l'un d'eux est absent ont plus de problèmes avec leurs enfants. Ceux-ci risquent de transgresser les limites permises lorsque les circonstances changent, en partie parce qu'ils sont inquiets et désemparés. Il est donc plus important que jamais de faire respecter les règles.

> ### *DE FIL EN AIGUILLE*
>
> Les accès de colère de votre enfant vous donnent du fil à retordre à chacun de vos retours ? Pour y mettre fin, lisez l'idée 11, « Dompter les accès de colère ».

VOS QUESTIONS, NOS SOLUTIONS

Q **Lorsque je travaillais de nuit, ma conjointe mettait les enfants au lit le soir et s'en occupait le matin. J'occupe maintenant un poste de jour, et j'aimerais passer plus de temps avec nos enfants. Je voudrais les laisser se coucher plus tard, mais ma conjointe désire qu'ils suivent la même routine qu'avant. Qu'en pensez-vous ?**

R Il est important que vous ne miniez pas l'autorité de votre conjointe, qui s'est beaucoup occupée des enfants lorsque vous travailliez de nuit. Si vous avez de la difficulté à faire front commun, jetez un coup d'œil sur l'idée 19, « Être sur la même longueur d'onde ».

43

De jeunes chefs

Il n'y a pas lieu de crier au désastre lorsque les enfants veulent vous aider à cuisiner. Il n'est jamais trop tôt pour les initier à l'art culinaire. Qui sait, ils pourraient même se mettre à faire la vaisselle !

Les jeunes qui savent cuisiner deviennent plus autonomes que les autres. Ils ont une meilleure estime de soi, sont plus habiles et plus attentifs aux détails. S'ils participent à l'achat des ingrédients, ils apprennent à élaborer un budget. En mesurant et en pesant les ingrédients, ils s'exercent à faire des mathématiques.

Les préadolescents qui apprennent à suivre des recettes sont ensuite bien récompensés : ils ont de bonnes choses à manger. Ils acquièrent des notions de planification, d'hygiène, de nutrition et de présentation. Ils pourraient même commencer à faire la vaisselle… mais ne comptez pas trop là-dessus. Si jamais la recette est ratée, papa ou le chien pourront être nommés volontaires pour la dégustation !

METTRE LES PETITES MAINS À LA PÂTE

Si vous installez votre fillette à vos côtés et la laissez vous aider pendant que vous faites la cuisine, elle verra qu'il est amusant de préparer à manger. Les bambins adorent mélanger les ingrédients. Le désordre régnera, mais votre progéniture vous sera reconnaissante de l'avoir laissée faire. Si ses triplés se tiennent tranquilles lorsqu'elle fait à manger, Rose leur permet d'ajouter le persil à la fin de la recette. Quand les enfants vieillissent, on peut leur confier la tâche de râper ou de hacher les aliments.

Il n'est pas dit qu'en laissant votre fils préparer des pommes de terre en purée vous en ferez un chef de restaurant trois étoiles, mais il saura se débrouiller lorsqu'il quittera le nid familial. Il pourra recevoir ses amis quand il sera à l'université ou impressionner ses copines et leurs parents.

UNE AIDE VÉRITABLE

Tout le monde se souvient des carrés aux Rice Krispies et au chocolat. Cependant, vous pouvez demander à vos enfants davantage que de mélanger du chocolat fondu avec des céréales. Sous la supervision d'un adulte, les bambins de six ans sont capables de faire des galettes, des gâteaux sans cuisson, des brownies et des truffes. Vos enfants pourront impressionner la famille en concoctant du chocolat maison. Aidez-les à faire fondre une tablette de chocolat dans un bain-marie, puis à le verser dans de petits moules propres (comme ceux qui servent à faire des modèles en plâtre de Paris).

ON PLONGE !

Si vos enfants savent utiliser de la pâte à modeler, ils peuvent préparer de petits gâteaux individuels pour un souper d'anniversaire. Utilisez quelques gouttes de colorant alimentaire, que les enfants adorent mélanger à la pâte. Vos bambins confectionneront des boules jaunes, oranges, vertes et rouges, chacune représentant un fruit ou un légume. Ils ajouteront des clous de girofle pour faire la queue des pommes et des poires. Si vous n'avez pas de fête à célébrer, conservez les gâteaux dans une boîte en mettant un essuie-tout entre chaque rangée. Une autre idée : si vous préparez un gâteau pour une occasion spéciale, demandez à vos enfants de fabriquer des animaux pour le décorer.

Les enfants peuvent aussi faire des sucettes glacées. Inutile d'utiliser des moules spéciaux : vos petits n'ont qu'à remplir de jus de fruit des contenants de yogourt vides, puis à insérer un bâtonnet dans chacun de ceux-ci lorsque le mélange est gelé. Ils voudront sûrement faire des sucettes de différentes couleurs : employez donc du jus de pomme, de canneberges et d'orange. Versez un peu de jus de pomme au fond des contenants, puis mettez-les au congélateur. Une fois le jus congelé, ajoutez une couche d'un autre jus, et ainsi de suite, jusqu'à ce que les récipients soient presque pleins. Terminez avec une couche de chocolat fondu ; elle recueillera les gouttes de jus qui pourraient tomber si votre enfant et ses amis ne mangent pas leurs sucettes assez vite.

> **DE FIL EN AIGUILLE**
>
> Vous préparez une fête ? Les préadolescents peuvent vous aider. Lisez l'idée 47, « Des pique-niques, des festins et des lunchs extraordinaires ».

DONNER UN NOM À LA RECETTE

Didier a créé un dessert, que son père l'aide à préparer : ils mettent une couche de crème glacée aux bananes dans un grand verre, puis ils ajoutent une garniture de crème et de sauce au chocolat. Ils donnent à cette gâterie le nom de « dessert du dimanche de Didier ». Quant à Jennifer, elle dépose des jujubes dans du Jell-O : c'est le « Jell-O à la Jenny ». En incitant les jeunes chefs à donner un nom à leurs recettes, on les encourage à développer leur créativité.

UNE AUTRE IDÉE À METTRE EN PRATIQUE

La prochaine fois que vous aurez un reste de pâte à tarte ou à gâteau, invitez les enfants à en faire des biscuits. Abaissez la pâte et découpez-la en différentes formes avec des emporte-pièce. Les enfants peuvent aussi utiliser un pot de confitures pour tailler la pâte en rondelles. Avec un pinceau à pâtisserie, badigeonnez la pâte d'œuf ou de lait, puis saupoudrez-la de graines de pavot et d'une mince couche de fromage. Vous pouvez aussi la faire cuire et la garnir de chocolat fondu ; c'est un présent bien apprécié. Pendant que les biscuits sont au four, vos enfants peuvent se servir d'un emporte-pièce en forme de cœur pour dessiner une carte qui accompagnera leur cadeau.

UN P'TIT CREUX

Faire fonctionner les petits électroménagers, comme la machine à pain et la sorbetière, est un vrai jeu d'enfants. Les préadolescents n'auront donc aucune difficulté à préparer et à faire refroidir des gâteries au chocolat, ou à faire cuire un pain aux raisins. Une fois qu'ils auront compris le principe, ils ne se lasseront pas de faire des expériences avec des ingrédients inhabituels.

DES PIZZAS POUR TOUS LES GOÛTS

Dès l'âge de huit ans, les préadolescents sont capables de se servir d'une machine à pain pour faire leur propre pâte à pizza. Les bambins peuvent rouler la pâte ou, du moins, la fariner. Utilisez des tomates hachées et cuites, du basilic et des oignons frits comme garnitures. Les enfants peuvent disposer des garnitures sur la croûte, comme s'ils dessinaient un visage. Par exemple, ils se serviront de rondelles de tomate ou de pepperoni pour les yeux, d'anchois pour les sourcils, de champignons pour le nez et de poivrons rouges pour la bouche. Gardez quelques croûtes au réfrigérateur pour les jours où vous n'aurez pas le temps de faire de la pâte à pizza.

VOS QUESTIONS, NOS SOLUTIONS

Q **Je suis d'origine chinoise. J'aimerais faire connaître à mes enfants certains plats traditionnels, mais, jusqu'à maintenant, ça n'a pas l'air de les intéresser. Que puis-je faire ?**

R La nourriture est une merveilleuse façon de découvrir les autres cultures. Essayez d'organiser une soirée à thème où les convives, vêtus de vêtements soyeux et de chapeaux en papier, mangeraient le dim sum traditionnel avec des baguettes. Montrez à vos enfants à préparer du thé au jasmin. Passez un après-midi avec eux à faire des lanternes en papier de couleur ou un gros dragon rouge, que vous pourriez suspendre au plafond. Si vous dites à vos petits que vous avez quelque chose d'important à préparer dans la cuisine, ils vous y suivront. En contrepartie, organisez par la suite un brunch du dimanche ; tout le monde pourra passer la journée en pyjama, lire des bandes dessinées et manger des œufs, du bacon et des saucisses.

Regardons les choses en face : les enfants normaux bouffent toute la journée du chocolat, des croustilles et des boissons sucrées à saveur de fruits. Aidons-les à préparer leurs propres collations et à découvrir ce qu'elles contiennent. Et pourquoi nous en faire s'ils mettent la cuisine sens dessus dessous ? Ce n'est pas pour rien que le savon et l'eau existent. Laissons-les préparer leurs gâteaux !

MARY CONTINI, chef de l'épicerie fine italienne Valvona & Crolla

44

Des consommateurs avertis

Vous êtes dans un centre commercial avec vos enfants. À certains moments, vous les tueriez, mais à d'autres, vous souriez. C'est normal : le magasinage entraîne ces deux réactions en alternance...

Le magasinage devrait être une tâche agréable. Cependant, si vous regardez autour de vous au supermarché, vous constaterez que, pour bien des familles, ce n'est pas le cas. En effet, les adultes considèrent souvent les enfants comme des êtres qui leur nuisent pendant qu'ils font leurs emplettes, et non comme de jeunes assistants.

DES CONSOMMATEURS HEUREUX

La prochaine fois que vous préparerez la liste des aliments à acheter au supermarché, faites participer vos enfants. Demandez-leur : « De quoi avons-nous besoin ? » S'ils ne pensent qu'aux friandises, n'abandonnez pas la partie. Répondez-leur : « Bon, la question des desserts est réglée, mais qu'en est-il des plats principaux ? » Dites à vos jeunes que, s'ils se conduisent bien au supermarché, ils pourront avoir une petite récompense. Laissez-les choisir une gâterie, comme un sac de croustilles ou un paquet de gomme à mâcher, et inscrivez ces articles sur une liste distincte.

Une fois au supermarché, confiez à un des enfants la tâche de tenir la liste et de cocher les articles au fur et à mesure que vous les mettez dans le panier. Un plus vieux pourrait avoir la responsabilité de trouver le prochain article qui apparaît sur la liste, et un autre pourrait additionner les prix sur une calculette. Une fois que tout est coché, et si vos enfants se sont bien comportés, laissez-les trouver les gâteries qui sont ins-crites sur l'autre liste. Il est important de ne pas succomber aux demandes de ceux qui se sont montrés désagréables : ils ne doivent pas avoir leur gâterie, sinon ils n'auront pas com-pris la leçon et risquent de mal se conduire la prochaine fois que vous serez au supermarché.

Si votre enfant est trop jeune pour ce genre d'activité, assoyez-le dans le panier, et parlez-lui de ce que vous achetez et de ce que vous cherchez. Il acquerra ainsi certaines notions de lan-gage et de nutrition. Demandez-lui de prendre certains arti-cles, comme les sachets de soupe, et de les mettre dans le panier. Les articles qui font du bruit, comme les boîtes de pâtes alimentaires ou de céréales, peuvent faire passer le temps aux tout-petits. Vous pouvez aussi apporter un livre d'images, qui occupera votre bambin pendant que vous faites vos courses.

ON PLONGE !

Si vos enfants et vous vous épuisez à faire les courses dans un magasin à grande surface, pourquoi ne pas effectuer de plus courtes mais plus fréquentes visites dans les boutiques du quartier ? Comme les grands magasins supplantent progressivement les boucheries, les pâtisseries et les marchés spécialisés, vos enfants n'auront peut-être bientôt plus la chance de voir ces petites entreprises locales en action. Par ailleurs, vous pouvez demander à vos plus vieux de se charger de certaines courses, pour qu'ils deviennent plus autonomes. Remettez-leur une liste de quelques articles ainsi que l'argent nécessaire pour les payer. Ils apprendront ainsi à trouver les articles en question, à attendre en ligne à la caisse, à payer, à compter la monnaie et à vérifier le montant inscrit sur le reçu de caisse.

DU LÈCHE-VITRINES

Nous sommes en admiration devant cette mère qui a réussi à faire comprendre à ses enfants qu'ils ne pouvaient avoir tout ce qu'ils désiraient. Elle les amenait faire du lèche-vitrines, mais leur disait, avant de partir, qu'ils ne feraient que regarder. S'ils lui demandaient malgré tout de leur acheter quelque chose, elle leur répétait : « Aujourd'hui, nous faisons du lèche-vitrines, mais peut-être qu'un autre jour nous pourrons faire des achats. » Ses enfants ont ainsi appris à être moins exigeants et moins impulsifs lorsqu'ils vont faire des emplettes.

Il y a quelques années, les gens malheureux – ceux qui ne savaient pas quoi faire de leur peau – allaient à la messe, déclenchaient une révolution, accomplissaient quelque chose. Aujourd'hui, si on est malheureux, dépassé par les événements, ou si on se demande comment s'en sortir, on va faire du magasinage.

ARTHUR MILLER, The Price

VOUS AIMEZ LES BELLES CHOSES ?

Vous voulez acheter à vos enfants des vêtements à la mode, mais votre budget est serré ? Il est possible de vous procurer des tenues à prix abordable en ligne ainsi que dans les friperies, les marchés aux puces et les magasins qui offrent des bas prix. En outre, il est plus facile de trouver des robes d'époque ou exclusives dans ce type de commerces que dans les grands magasins.

L'ARGENT DE POCHE

L'argent de poche peut aussi bien être un problème qu'une solution. Avant de laisser votre préado dépenser ses sous, organisez des jeux de rôles pour lui apprendre ce qu'il doit faire quand il va au magasin. Cependant, rien ne vaut l'expérience : vos enfants découvriront par eux-mêmes qu'il est important de vérifier la monnaie avant qu'il ne soit trop tard, d'en avoir pour leur argent, d'éviter les erreurs coûteuses et d'économiser la somme nécessaire pour acheter ce qu'ils désirent au lieu de tout dépenser en friandises. Cessez les beaux discours et laissez vos enfants apprendre en payant de leur poche.

LES GROS ACHATS

En emmenant les enfants lorsque vous allez acheter des meubles, vous accroissez leur sentiment d'appartenance à la famille, vous leur donnez le goût de participer à la décoration de la maison et vous risquez moins de les voir sauter sur les canapés.

À notre avis, il est préférable de faire participer les enfants le plus tôt possible au choix des meubles et des appareils de la maison. Ils ont souvent un très bon goût et un excellent jugement, et ils pourraient donner à votre demeure une allure moins fade et plus jeune.

DE FIL EN AIGUILLE

Vos enfants prendront plaisir à aller faire les courses avec vous s'ils ont choisi la recette que vous allez préparer ce jour-là. Lisez l'idée 43, « De jeunes chefs ».

... ET ENCORE

Votre bambin se met en colère au supermarché ? Lisez l'idée 11, « Dompter les accès de colère ».

VOS QUESTIONS, NOS SOLUTIONS

Q **Nos deux enfants viennent faire les courses avec nous. Malheureusement, il y a un certain esprit de compétition entre eux, ce qui entraîne des disputes. C'est très embarrassant. Que nous proposez-vous?**

R Pourquoi ne pas faire deux listes d'achats? Divisez la famille en deux équipes, chacune formée d'un enfant et d'un parent. Retrouvez-vous à la caisse.

Q **J'aimerais laisser ma fille aller faire des courses seule, mais notre quartier n'est pas très sûr.**

R Elle peut tout de même acquérir des notions importantes si vous faites les achats ensemble. Encouragez-la à choisir certaines choses et à les payer avec son argent de poche.

« Ne vous laissez pas fasciner par l'extraordinaire au point d'en oublier l'ordinaire. »

MAGDALEN NABB,
auteure de romans policiers et de livres pour enfants

45

La musique

Shakespeare disait que la musique était la nourriture de l'amour. La musique, ce n'est pas seulement des airs extraordinaires et des rythmes enlevants, c'est un aliment qui devrait être au menu de tous les enfants.

La musique aide les jeunes à comprendre le monde. En apprenant des chansons toutes simples, les enfants acquièrent des notions de grammaire et de syntaxe, et ils découvrent de subtiles nuances de ton.

Les parents chantent des berceuses à leurs bébés, mais cessent de le faire dès que leurs enfants vieillissent. Pourtant, ils devraient continuer, car les jeunes qui aiment la musique se font des amis plus facilement que les autres. Ils sont plus sociables, ont une meilleure estime de soi et une plus grande confiance en eux.

MOZART ET COMPAGNIE

On reconnaît à la musique classique, et à celle de Mozart en particulier, un grand pouvoir sur la vie des enfants. Elle favorise le développement mental, réduit le stress, facilite le sommeil, accroît la mémoire et stimule la créativité. Maintenant, passons au baroque !

JOUER DE LA MUSIQUE

Encouragez vos enfants d'âge préscolaire à chanter et à s'accompagner avec des instruments maison. Voici quelques bonnes idées faciles à réaliser.

Un tambour

Il vous faut :
• une boîte de céréales
• un bout de ficelle
• deux cuillères en bois

Percez un trou à chaque extrémité de la boîte. Passez la ficelle dans les deux ouvertures et ajustez-en la longueur pour qu'elle puisse faire le tour du cou de votre enfant et que le tambour arrive à la hauteur de sa taille. Remettez-lui les baguettes, et que la marche commence !

Des cymbales

Il vous faut :
• deux couvercles de casseroles

Faites-lui simplement frapper les couvercles l'un contre l'autre.

Un carillon

Il vous faut :
- une cuillère en bois
- 12 pots vides de confitures (ou de café ou de sauce…)

Mettez un centimètre d'eau dans un pot, puis, dans chaque contenant subséquent, un centimètre d'eau de plus que dans le précédent. Moins il y a d'eau, plus la note émise est grave lorsque l'enfant frappe le pot avec la cuillère.

Une guitare originale

Il vous faut :
- une boîte à chaussures (sans couvercle)
- six larges bandes élastiques
- une cuillère en bois

Disposez les bandes élastiques autour de la boîte à chaussures et grattez-les à l'aide de la cuillère en bois.

Des maracas

Il vous faut :
- une poignée de macaronis non cuits
- deux petits contenants de crème glacée vides, avec leurs couvercles

Mettez quelques macaronis dans chaque contenant, puis demandez à votre bambin d'agiter les maracas.

ON PLONGE !

Pourquoi ne pas proposer à vos musiciens en herbe de monter et de présenter un concert ? Les grands-parents, les voisins et vos petits animaux formeront l'auditoire idéal. Une interprétation des premières mesures d'une berceuse de Mozart réalisée sur des instruments maison arrachera des larmes aux mélomanes présents. La soirée pourrait se poursuivre avec des chants en chœur, auxquels participerait l'auditoire. Nous vous garantissons que les événements de ce genre procurent des souvenirs inoubliables.

Un hautbois hors de l'ordinaire

Il vous faut :

- un long tube en carton servant à enrouler du papier d'emballage, du papier d'aluminium ou de la pellicule autocollante
- du papier ingraissable ou du papier calque
- une bande élastique
- une aiguille à tricoter

DE FIL EN AIGUILLE

Si un de vos enfants est nerveux à l'idée de jouer en public, lisez l'idée 36, « Gérer le stress ».

Entourez de papier ingraissable ou de papier calque une extrémité du tube de carton et maintenez le papier en place avec la bande élastique. À l'aide de l'aiguille à tricoter, percez une rangée de trous le long du tube. Soufflez dans l'extrémité qui n'a pas été bouchée. Lorsque vous aurez assez exploité vos propres talents, donnez à vos enfants la chance de faire leurs essais.

Les enfants qui s'adonnent à la musique acquièrent de meilleures compétences sociales que les autres. Ils apprennent à mieux se connaître et à mieux connaître les autres. La musique comporte un aspect émotif bénéfique au développement d'aptitudes sociales comme l'empathie.

Dre ALEXANDRA LAMONT,
conférencière en psychologie
de la musique

LES AVANTAGES DE L'APPRENTISSAGE D'UN INSTRUMENT DE MUSIQUE

Selon les spécialistes des neurosciences, les enfants qui jouent du piano acquièrent un bon raisonnement spatio-temporel. Cela veut simplement dire qu'ils réussissent mieux que les autres à imaginer les objets et à les transposer dans le temps et l'espace. Vous ne voyez pas le rapport avec la musique ? Eh bien, le voici : en musique, il faut appliquer des notions de proportions et de fractions. Il est certain que ces compétences se transfèrent à d'autres domaines.

Quel est le meilleur âge pour commencer à apprendre à jouer d'un instrument de musique ou à faire partie d'une chorale ? Entre six et huit ans. À cet âge, les enfants sont capables de déchiffrer les notes et de s'en souvenir. Ceux qui s'exercent quotidiennement à jouer d'un instrument apprennent à se concentrer. Cela les aide lorsqu'ils doivent faire leurs travaux scolaires. La maîtrise d'un instrument améliore aussi la coordination œil-main et donne un sentiment de satisfaction qui augmente la confiance en soi.

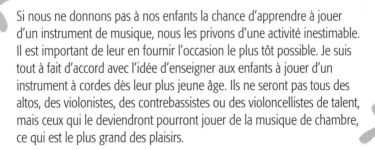

Si nous ne donnons pas à nos enfants la chance d'apprendre à jouer d'un instrument de musique, nous les privons d'une activité inestimable. Il est important de leur en fournir l'occasion le plus tôt possible. Je suis tout à fait d'accord avec l'idée d'enseigner aux enfants à jouer d'un instrument à cordes dès leur plus jeune âge. Ils ne seront pas tous des altos, des violonistes, des contrebassistes ou des violoncellistes de talent, mais ceux qui le deviendront pourront jouer de la musique de chambre, ce qui est le plus grand des plaisirs.

Dr ANTHONY STORR, Music and the Mind

VOS QUESTIONS, NOS SOLUTIONS

Q Benoît, notre fils de huit ans, nous harcelait depuis longtemps pour que nous achetions un piano afin qu'il puisse suivre des cours. Nous lui avons expliqué que, si nous acceptions, il lui faudrait s'exercer tous les jours. Il a respecté cette obligation durant deux semaines, mais a ensuite cessé de jouer. Il semble aimer son professeur de musique, mais il n'apprendra jamais s'il ne s'exerce pas.

R Cette situation se produit fréquemment. Malheureusement, vous ne pouvez pas faire grand-chose. Certains enfants adorent apprendre à jouer d'un instrument et persévèrent, alors que d'autres, comme Benoît, abandonnent rapidement. Si vous le poussez trop, vous risquez de le voir se désintéresser de la musique pour le reste de ses jours. Vous pourriez lui proposer de faire partie de la chorale de l'école ou de l'église. Pour certains, c'est un moyen plus agréable d'apprendre la musique.

Q Nous avons deux filles, Isabelle, onze ans, et Amélie, neuf ans. Les deux sont de bonnes musiciennes, mais Amélie a nettement plus de talent que sa sœur aînée. Cela commence à causer un peu d'animosité entre les deux, car les professeurs et les autres parents font tout un plat des talents de notre cadette. Que pouvons-nous faire pour empêcher Isabelle de se sentir éclipsée?

R Honnêtement, il n'y a rien à faire. La vie est injuste, surtout en matière de talents. Vous pourriez leur faire apprendre des instruments différents, comme le piano et le violon, ou le clavecin et la flûte. En tant que parents, vous devez valoriser chacune de vos filles et réduire la compétition inutile entre les deux.

46

Pour les jours de pluie

Il pleut. Vos enfants disent qu'ils s'ennuient. Ce ne sera plus le cas si vous leur proposez les idées suivantes.

Lorsque vos jeunes auront construit une tente sous la table de la salle à manger, ils comprendront à quoi servent les jours de pluie. Aidez-les à réunir couvertures, couvre-lits, édredons, oreillers et coussins. Une tente est un endroit où les enfants peuvent se cacher pour se confier leurs petits secrets. Si vous le leur demandez gentiment, ils pourraient vous laisser entrer.

Par ailleurs, les jeunes enfants adorent souffler des bulles. Versez une bonne quantité de détergent à vaisselle liquide dans un bol, puis montrez à vos bambins à se servir d'un fouet ou d'un batteur à œufs pour faire mousser le mélange. Pendant ce temps, pliez un cintre métallique de façon à l'arrondir pour en faire un énorme cerceau à bulles, et dépliez le crochet pour en faire une poignée. Vos enfants peuvent aussi employer des cuillères trouées pour souffler de petites bulles. Demandez-leur d'essayer d'attraper des bulles sans les faire éclater. Si après une heure, vos rejetons commencent à se lasser de ce jeu, apprenez-leur à jouer à « laver toutes les surfaces de la cuisine ». Les bambins en particulier adorent ce jeu. Montrez-leur à passer une éponge sur les surfaces et à bien les essuyer. Lorsqu'ils en auront assez, essayez de leur faire faire la même chose dans la salle de bain.

Il est facile de mettre un peu de couleur dans une journée grise. Choisissez une couleur et faites-en le thème du jour. Un jour, les Plamondon ont opté pour le brun. Ils ont mangé des saucisses au déjeuner, ont mis du vernis brun sur leurs ongles (oui, même les garçons), ont fait des dessins bruns, ont mangé des sandwichs au beurre d'arachide et ont bu du lait au chocolat pour le dîner. Ils ont ensuite regardé les voitures passer et ont compté celles qui étaient de couleur brune. Puis, ils ont fabriqué de magnifiques collages dans les tons de brun, en découpant des images de troncs d'arbres et de feuilles d'automne dans les vieux magazines *National Geographic* de leur père.

ON PLONGE !

Le mauvais temps fait rage ? Profitez-en pour faire un peu de ménage. Vos enfants peuvent vous y aider. Par exemple, proposez un nouveau jeu aux tout-petits : « trier les vêtements que maman a lavés ». Les bambins pourront faire une pile de bas, tandis que les plus vieux s'acquitteront d'une tâche plus difficile, comme plier les vêtements. Ces menus travaux apprennent aux enfants à classer des objets, ce qui est une connaissance de base en sciences. Nous n'irons pas jusqu'à vous recommander de laisser vos petits trier les vêtements pour vos brassées de blanc et de couleur…

« Le jeu est souvent considéré comme une activité distincte de l'apprentissage sérieux. Cependant, pour les enfants, le jeu, c'est du sérieux. Le jeu est le travail des enfants. »

FRED ROGERS, animateur de
Mister Rogers' Neighborhood

Gardez toujours, pour vos plus vieux, un ou deux pro-jets que vous pourrez sortir de votre sac dès que le mauvais temps s'installera. Les jours de pluie, la mère de Marianne la laisse s'amuser avec sa boîte à couture. La fillette adore confectionner des vêtements pour sa poupée avec les retailles de tissu et les vieilles cravates en soie de son père. Antony, quant à lui, aime imprimer des dessins en se servant de pommes de terre comme presse. Son père garde toujours des cartes en réserve. Lorsqu'il pleut, Antony imprime des dessins sur les cartes, et ses parents s'en servent ensuite comme cartes de remerciement. Andréanne et Noémie, elles, ont passé un mois d'août particulièrement pluvieux à préparer des cadeaux de Noël pour leurs grands-parents.

> ### DE FIL EN AIGUILLE
>
> L'idée 52, « Pour occuper la fin de semaine », vous présente d'autres suggestions qui vous aideront à occuper les enfants, à les mettre de bonne humeur et à les stimuler.

C'est l'été. Le temps est maussade, et les enfants sont insupportables. Vous aimeriez partir en vacances. C'est l'occasion idéale d'organiser un *beach party* intérieur. Tout le monde devra porter des lunettes de soleil et un cha-peau de plage. Allumez le chauffage, mettez vos maillots de bain, étendez des serviettes de plage dans le salon et préparez un pique-nique. Le bain vous servira de piscine. Appliquez de la lotion après-soleil sur la peau de vos enfants ; l'odeur de ce produit réconfortera tout le monde. Si vos petits entrent vraiment dans le jeu, ils auront peut-être envie d'écrire des cartes postales. Pour finir la journée en beauté, servez de la crème glacée et des boissons fraîches.

Vous pouvez aussi organiser une séance de photos. Les appareils numériques permettent aujourd'hui de transformer le plus simple des clichés en un chef-d'œuvre. Vous n'avez donc plus à craindre que le photographe bouge, que son pouce apparaisse dans la photo, ou encore, que les sujets des clichés aient les yeux rouges. Vous aurez certains préparatifs à faire, mais, si votre matériel est bien rangé dans une armoire, vous aurez le temps de tout mettre en place pendant que vos enfants font une razzia dans leurs commodes et leurs placards pour trouver des vêtements.

Vous aurez besoin d'une couverture ou d'un drap blanc ou noir comme toile de fond. Fixez cette dernière au plafond avec du ruban-cache ou accrochez-la au haut d'une bibliothèque. Il est utile d'avoir une ou deux lampes de studio, que vous pourriez vous procurer, sans dépenser une fortune, dans un bric-à-brac ou un magasin d'articles d'occasion. Il existe de nombreuses façons de disposer les lampes. Nous vous suggérons de faire des essais en orientant l'éclairage selon différents angles, pendant que vos enfants prennent toutes sortes de poses et essaient leurs vêtements. Vous avez de la difficulté à saisir le fonctionnement du logiciel photo ? Vos préadolescents pourront sans doute vous l'expliquer.

Lorsque la pluie aura cessé, invitez vos jeunes à mettre leurs bottes et envoyez-les dehors sauter dans les flaques d'eau ou faire la chasse aux vers de terre.

VOS QUESTIONS, NOS SOLUTIONS

Nous avons passé une merveilleuse journée, mais les enfants étaient tellement excités qu'ils ne pouvaient plus se calmer.

Oups ! La prochaine fois, proposez en fin de journée un jeu qui tranquillise les esprits (lisez l'idée 15, « Des jeux pour tout le monde ») ou diminuez le nombre d'activités.

47

Des pique-niques, des festins et des lunchs extraordinaires

Vous en avez assez des sempiternels sandwiches et saucisses à cocktail ?

La planification du menu d'une fête ou d'un pique-nique peut devenir un véritable casse-tête. Cependant, ce n'est pas si compliqué : il suffit de voir les pique-niques comme d'immenses boîtes à lunch, et les repas de fête, comme des pique-niques intérieurs. Si vous êtes capable de remplir une boîte à lunch, vous pouvez nourrir une flopée d'enfants.

LES BOUCHÉES

La nourriture idéale pour les pique-niques, les repas de fête et les boîtes à lunch, c'est les bouchées que les enfants peuvent prendre avec leurs doigts : morceaux de fruits, petites crêpes farcies, bâtonnets de poivron et de concombre, tranches de viandes froides, biscuits, crevettes panées, croquettes de poulet, morceaux de chocolat, gâteaux individuels. Voyez petit, et les enfants vous considéreront comme un grand chef. Vous vous souvenez des cocktails auxquels vous participiez avant d'avoir des enfants ? Les hors-d'œuvre et les bouchées qu'on y servait conviennent parfaitement aux petits. Pour habituer les enfants au goût des blinis au saumon et des vol-au-vent aux crevettes, commencez tôt à en glisser dans leur boîte à lunch. La variété est une autre clef du succès. Évitez de mettre tous les jours des raisins dans la boîte à lunch de vos rejetons. Pensez aux poires, aux clémentines…

DES SANDWICHES DE FANTAISIE

Coupez les sandwiches de tous les jours avec un emporte-pièce pour leur donner un air de fête. Si vos enfants ne veulent pas manger de pain de blé entier, faites-leur préparer du pain au muesli, aux dattes ou aux noix. Malgré ce que vous avez appris dans vos cours d'art culinaire, il n'est pas essentiel de faire les sandwiches avec une seule sorte de pain. Ceux qu'on concocte avec trois types de pains sont trois fois plus délicieux que les autres.

DES GARNITURES FABULEUSES

Les meilleures garnitures sont celles que les enfants peuvent vous aider à préparer. En voici quelques-unes, parmi nos préférées :

• œuf et cresson du jardin : il ne faut que trois semaines pour transformer la graine de cresson en garniture pour sandwich (lisez l'idée 32, « Un jardin à cultiver ») ;

• bacon, laitue et tomate : les préados peuvent faire griller le bacon, hacher les tomates et même faire pousser la laitue ;

ON PLONGE !

Lorsque vous apprêtez un repas, augmentez les quantités des ingrédients afin qu'il vous en reste pour le lunch du lendemain. Par exemple, si vous faites une quiche, laissez les enfants en préparer de petites dans des moules individuels. Si vous faites un barbecue, faites griller quelques pilons de poulet de plus. Selon les jeunes connaisseurs, ils sont encore meilleurs lorsqu'ils sont froids. Une autre idée : garnissez un pain pita d'un reste de salade, ajoutez quelques tomates cerises, et vos enfants auront le meilleur lunch de leur classe.

• avocat et poulet : le dimanche soir, demandez à vos enfants de réduire en purée la chair de quelques avocats, pendant que vous hachez les restes du souper. Comme l'avocat contient un antidépresseur naturel, c'est un aliment parfait pour faire face à la déprime du lundi.

DES ENFANTS EN LIBERTÉ DANS LA CUISINE

Laissez la créativité de vos enfants s'exprimer, ils ne demandent pas mieux.

> **DE FIL EN AIGUILLE**
>
> Les enfants qui préparent leur propre lunch risquent moins que les autres de se plaindre de son contenu. Ils acquièrent également des connaissances pratiques. Lisez l'idée 43, « De jeunes chefs ».

Les boissons

Les enfants peuvent préparer des rafraîchissements étonnants à l'aide du mélangeur. Ils prendront plaisir à concocter des boissons fouettées au yogourt aux fraises, des laits frappés à la noix de coco et des cocktails aux fruits. C'est bien plus nutritif que l'orangeade !

Les salades

Les enfants peuvent facilement préparer des salades en mélangeant à la fourchette des légumes avec du couscous ou du riz. Ils peuvent y mettre des légumes hachés, des viandes froides ou tout autre aliment qui chatouillera leurs papilles. Incorporez un peu de yogourt nature, une giclée de jus de citron et une ou deux feuilles de menthe à leur recette. Ou encore, utilisez des pâtes alimentaires comme base et ajoutez-y des restes de garniture à pizza : vous aurez alors une délicieuse salade de pâtes.

Une pomme par jour…

Comme c'est ennuyeux ! Pourquoi ne pas laisser vos enfants préparer leur propre salade de fruits ? Encouragez-les à faire des essais avec des fruits aux saveurs et aux textures différentes. Des jeunes de notre entourage ont préparé les mélanges suivants : mangue et canneberges ; kiwi, melon, papaye et marmelade d'orange ; pamplemousse rose et framboises ; et notre préféré, pêches, fraises et bleuets.

Des sandwiches roulés

Les tortillas, les tacos et autres pitas sont le moyen idéal d'utiliser des restes pour les transformer en un nouveau repas. Des mets aussi simples que du poisson et des poivrons grillés auront un goût fantastique dans une tortilla, surtout si vous les assaisonnez de quelques cuillerées de salsa ou d'un mélange de concombre et de yogourt.

Des gâteaux individuels

Les enfants sont capables de verser du mélange à gâteau dans des moules individuels. Si leur consommation de sucre vous préoccupe ou qu'aucun mets nutritif ne les intéresse, préparez un gâteau aux carottes ou aux bananes, que vous ferez cuire dans des moules individuels. Saupoudrez-les d'un peu de sucre glace, et votre secret sera bien gardé !

Un esprit tordu

Qui a dit que les bâtonnets de fromage devaient être droits ? Les préadolescents peuvent leur donner toutes sortes de formes, comme celle de leurs initiales, et les garnir de graines de sésame. Vous organisez une fête ? Demandez à vos enfants de donner aux bâtonnets la forme des initiales de tous les invités. Laissez-les s'en donner à cœur joie !

> Les parents ont parfois l'impression d'être astreints à se faire mordre la main par ceux que celle-ci nourrit.
>
> *PETER DE VRIES,* The Tunnel of Love

VOS QUESTIONS, NOS SOLUTIONS

Q J'ai mis dans la boîte à lunch de ma fille des feuilles de laitue bien croustillantes et du pain frais. Malheureusement, selon ce qu'elle m'a dit, tout était détrempé à l'heure du repas. Que puis-je faire, à part demander à la direction de l'école de se procurer un réfrigérateur ?

R C'est ce qui se produit lorsque le lunch est conservé à la température ambiante. Pour que la nourriture reste fraîche et croustillante, vous pouvez mettre de petits contenants de jus au congélateur et les glisser dans la boîte à lunch de votre fille le matin.

48

Des œuvres d'art

Nous ne vous garantissons pas que chaque jeune qui se mettra à la peinture deviendra un Picasso, mais toutes les personnes qui s'adonnent à cet art ou au bricolage développent leur imagination et de nouvelles façons de s'exprimer.

Les tout-petits qui dessinent s'habituent à faire les mouvements de la main nécessaires à l'apprentissage de l'écriture. Inutile d'acheter des dizaines de tons de vert différents : au début, vos bambins n'auront besoin que de six gros crayons et de papier.

LES PREMIÈRES ESQUISSES

Commencez par présenter à votre enfant une couleur, puis deux. Les bambins encore peu habiles peuvent dessiner le contour d'une main ou d'un pied. Ajoutez quelques gouttes de détergent à vaisselle liquide à la peinture ; celle-ci s'enlèvera plus facilement lorsque vos artistes en herbe se seront sali les mains ou auront taché leurs vêtements et les meubles. Sachez que les bambins s'adonnent toujours à un des deux styles suivants : l'art abstrait ou la peinture gestuelle. Les magasins d'artisanat vendent des toiles toutes prêtes, qui pourraient être un excellent investissement. Qui sait ?

Les enfants aiment dessiner leurs propres cartes postales. Les tout-petits se serviront d'une des **3 techniques** suivantes pour produire des œuvres tout à fait originales :

1. La peinture au doigt : après avoir trempé leurs doigts dans de la peinture épaisse, ils étendront les couleurs, mais en évitant les meubles !

2. L'impression de feuilles : ils tremperont des feuilles dans la peinture, puis les appliqueront sur du papier.

3. La peinture à la paille : ils étaleront des gouttes de peinture sur une grande feuille de papier à l'aide d'une paille.

ON PLONGE !

Inutile d'acheter de grandes quantités de papier à croquis coûteux. Des rouleaux de papier sulfurisé, le verso de feuilles ayant déjà servi ou un reste de papier peint conviendront parfaitement.

... ET ENCORE...

Pourquoi ne pas acheter un grand encadrement, que vous emploierez pour présenter les œuvres d'art de vos enfants ? Nous vous suggérons de changer d'œuvre environ une fois par mois. Les préadolescents peuvent créer de jolis encadrements en collant des pâtes alimentaires sèches sur du carton. Ils y appliqueront une peinture de couleur or ou argent, pour leur donner une allure spectaculaire. Vos bambins peuvent faire des essais avec différents types de pâtes : les petites, qu'on utilise pour la soupe minestrone, conviennent aux petits portraits, alors que les gros macaronis sont un bon choix pour les paysages. Les couvercles de pots de café font aussi de jolis cadres. Il faudra peut-être couper l'image pour qu'elle soit de la bonne grandeur, mais, en raison de leur profondeur, ces couvercles sont parfaits pour encadrer des œuvres en trois dimensions.

... ET ENCORE

Peignez un mur avec de la peinture à tableau, puis laissez toute la famille y dessiner ses œuvres à la craie.

Les enfants peuvent aussi imprimer des fruits sur des cartes et s'en servir dans différents jeux. Voici comment procéder : il faut une vingtaine de fiches vierges et 10 fruits ou légumes différents. Les oignons, les poireaux, les carottes, les pommes, les poires, les poivrons et les oranges sont de bons choix. Enrobez le fruit ou le légume de peinture épaisse, puis appliquez-le sur une fiche. Au début, les enfants peuvent s'exercer sur du papier ordinaire, pour savoir avec quelle force il leur faut appuyer pour que l'impression soit réussie. Il est préférable d'utiliser des couleurs différentes pour chaque fruit ou légume. Lorsque les fiches sont sèches, recouvrez-les d'une pellicule plastique ou faites-les plastifier chez un marchand de papier.

UN PORTRAIT

Demandez à vos enfants de dessiner le portrait des membres de la famille ou de leur animal de compagnie ; cela les flattera. Pour une occasion spéciale, comme un anniversaire de mariage ou de naissance, vous pourriez leur proposer de peindre, à partir d'une photographie, le portrait d'un des membres de la famille. La personne en question sera très heureuse de recevoir ce type de cadeau.

Les enfants éprouvent à l'égard des livres une aversion naturelle. Le bricolage devrait être à la base de l'éducation. Si les garçons et les filles apprenaient à se servir de leurs mains pour fabriquer des objets, ils seraient moins enclins à détruire ce qui les entoure et à se montrer déplaisants.

OSCAR WILDE

Il est facile de faire de la pâte à modeler avec vos enfants. Il suffit de mélanger des quantités égales de sel et de farine, d'intégrer un peu d'huile d'olive et d'eau, puis de pétrir la pâte. Si elle est trop collante, ajoutez un peu de farine ; si elle est trop dure, ajoutez quelques gouttes d'eau ou d'huile. Les enfants peuvent modeler cette pâte et en faire des animaux ou des dessins en trois dimensions.

> ### DE FIL EN AIGUILLE
>
> Pourquoi ne pas intégrer à certains jeux les cartes que les enfants ont fabriquées ? Lisez les directives présentées à l'idée 15, « Des jeux pour tout le monde ».

Si vos rejetons ont conçu une véritable œuvre d'art, dépliez un trombone de façon à en faire un crochet, puis insérez-le au dos de l'œuvre. Mettez celle-ci au four durant environ une heure, à basse température. Une fois la pâte refroidie, les enfants peuvent la peindre, puis la vernir et la suspendre au mur à l'aide du trombone. Si vos petits n'ont produit aucun travail magistral, il n'y a pas de problème : ils pétriront la pâte à nouveau et recommenceront à la modeler. Vous pouvez envelopper la pâte dans une pellicule plastique et la conserver au réfrigérateur durant environ huit semaines ; en effet, le sel l'empêche de se dégrader.

DES PROJETS À LONG TERME

Vous cherchez un projet qui occupera vos enfants durant une fin de semaine ou pendant toutes les vacances ? Invitez-les à se servir de leurs talents artistiques et à en acquérir de nouveaux en leur proposant de bâtir un monde miniature. Ce type de projet n'intéressera pas seulement les fillettes qui veulent se construire une nouvelle maison de poupée. Les enfants peuvent concevoir un studio d'artiste, une boutique de modiste, une pâtisserie ou un garage automobile. Pour ce faire, ils auront besoin d'une dizaine de boîtes de chaussures. S'il n'y a pas d'Imelda Marcos parmi vos amies, allez voir un marchand de chaussures de votre région. Vos jeunes empileront les boîtes de façon à concevoir la structure de base de leur construction, puis ils aménageront l'intérieur de celle-ci à partir de toutes sortes d'articles que vous aurez recyclés : boîtes de raisins ou de céréales, pellicule plastique, cure-pipes, couvercles.

Voici quelques idées : un pot de margarine vide peut devenir un bain ; des boîtes d'allumettes vides collées ensemble formeront une commode ; des images de magazines se transformeront en œuvres d'art pour décorer les murs ; de petites pâtes alimentaires peuvent servir de cadres à des carrés de papier d'aluminium et ainsi former de jolis miroirs.

VOS QUESTIONS, NOS SOLUTIONS

Q **Megan, ma fille de cinq ans, avait l'habitude de gribouiller. Depuis quelque temps, ses œuvres la laissent insatisfaite. Elle est déçue lorsque le résultat ne correspond pas à ce qu'elle avait prévu ou s'il n'est pas semblable à celui obtenu par d'autres enfants.**

R Il s'agit d'une situation normale et non d'un signe de faible estime de soi. Les jeunes enfants adorent tracer des lignes de toutes sortes sur du papier ; pour eux, c'est une fin en soi. À l'âge de Megan, ils se rendent compte que leurs gribouillages représentent des objets. Montrez-vous admirative devant ses efforts ; félicitez-la lorsque ses dessins sont réussis. Il est bon aussi de la laisser dessiner pour son plaisir, sans lui demander ce que représente son œuvre.

> Les enfants âgés de deux à sept ans ont beaucoup d'imagination. Il s'agit de la meilleure période pour stimuler leur créativité et leur capacité de raisonnement.
>
> *CHIAM HENG KENG*

49

Le pouvoir de l'écriture

L'écriture fait des merveilles. Il s'agit d'un outil d'apprentissage qui dépasse les limites de l'école. Laissez vos enfants écrire à propos de ce qu'ils voient et de ce qu'ils savent : ils apprendront à discuter, à comparer et à créer.

L'écriture est pour les enfants un moyen créatif d'explorer leur monde, d'éclaircir leurs idées, de faire face aux difficultés et de livrer des messages à leurs amis, à leurs enseignants et à leur famille.

DES RÉSULTATS CONCRETS

La meilleure façon d'encourager les enfants à écrire, c'est de leur dire qu'ils obtiendront vite des résultats. Votre fils, qui a envoyé à tante Agathe une lettre de remerciement bien écrite, a par la suite reçu de plus beaux cadeaux d'anniversaire que ses cousins qui, eux, ne se donnent pas la peine d'écrire à leur tante. Soyez certain que votre fils aura compris le message.

Les enfants ne savent pas nécessairement quoi écrire ou comment disposer les divers éléments de leur lettre. Même s'il est tentant de leur faire reproduire un exemple de lettre, il est préférable de leur poser des questions ouvertes pour les aider à rassembler leurs idées : « Qu'est-ce que tu as ressenti lorsque grand-papa t'a acheté ton PlayStation ? Parmi les livres qu'oncle Justin t'a envoyés, lequel as-tu aimé le plus ? »

Si votre enfant ne sait pas quoi écrire après « Comment vas-tu ? », suggérez-lui de décrire sa journée, d'expliquer ce que font les autres membres de la famille et de raconter ce que vous ferez au cours du week-end. Une fois qu'il a mis ses idées sur papier, aidez-le à bien orthographier les mots, s'il vous le demande. Les grands-parents considèrent comme des trésors les lettres manuscrites de leurs petits-enfants, surtout si les phrases sont bien construites et si les règles d'orthographe et de grammaire sont respectées.

Les préadolescents peuvent apporter une touche personnelle à leurs écrits en préparant à l'ordinateur du papier à lettres personnalisé. Ils voudront peut-être aussi sceller leur enveloppe avec un collant. Au lieu de plier la lettre, ils peuvent l'enrouler et la mettre dans le genre de tube en carton qu'on emploie pour ranger les affiches.

Une fois que vos enfants savent écrire de belles lettres à leurs amis et aux membres de la famille, il est temps de mettre à l'épreuve le pouvoir de l'écriture. Aidez vos jeunes à rédiger une lettre à l'intention de leur auteur préféré. Envoyez-la à ce dernier par l'entremise de l'éditeur. D'après notre expérience, ces lettres sont toujours transmises aux auteurs,

ON PLONGE !

Si vos enfants sont découragés après leurs premiers efforts, montrez-leur qu'ils sont bien meilleurs que vous ne l'étiez à leur âge. Lorsque la mère de Peter a fait un tri dans ses affaires, elle a découvert certains des vieux cahiers d'exercices de son fils. Les travaux d'écriture de Peter étaient lamentables. Il les a montrés à ses filles, Mandy et Emma. Elles ont immédiatement constaté qu'elles étaient bien meilleures que leur père.

... ET ENCORE

Vos jeunes sont en panne d'inspiration ? Pour les aider, jouez au scrabble. À la fin du jeu, organisez une petite compétition. La règle ? Tous les mots qui apparaissent sur le plateau de jeu doivent se retrouver dans l'histoire que chacun des concurrents raconte.

et il n'y a rien comme une réponse d'un écrivain pour encourager les jeunes talents. Vos petits prodiges pourraient même obtenir des avantages inattendus, comme recevoir d'avance un mot annonçant le prochain titre à paraître, ou encore, être invités à une séance de signatures ou à un autre événement spécial. Peut-être l'auteur donnera-t-il à certains de ses personnages les noms de vos enfants.

DES OPINIONS À FORMULER

Lorsqu'il avait dix ans, Gabriel a écrit au journal de son quartier une lettre en vue de s'opposer au projet d'un promoteur qui menaçait de construire un immeuble à bureaux sur le site d'un terrain de jeu. Les écoles du quartier ont fait leur part en faisant circuler une pétition. L'immeuble a finalement été construit ailleurs.

UN JOURNAL PERSONNEL

Les préadolescents qui rédigent leur journal peuvent y noter des rêves et des désirs secrets. Ils peuvent aussi y rapporter les propos qui ont été tenus au terrain de jeu, ou encore, décrire le menu du souper. Il y a deux problèmes avec ce genre de journal : les parents y mettent leur nez, et les enfants s'en lassent. Évitez ces écueils en créant un journal familial, auquel chaque membre de la famille pourra participer dans des occasions spéciales, comme un voyage à l'étranger, une compétition sportive ou le Nouvel An. Ces souvenirs formeront un ensemble bien plus riche que des récriminations comme : « Manon a mordu Karine et l'a traitée de vache. »

ENTRE CORRESPONDANTS

Yuko, qui vit au Japon, écrit régulièrement à Amélie, qui vit au Québec. Elles ne se sont jamais rencontrées, mais elles se sont envoyé des photos. Elles écrivent sur ce qui les intéresse : les pinces à cheveux, les hamsters et

Harry Potter. Amélie adore recevoir les lettres magnifiquement ornées que lui envoie Yuko. Au début, celle-ci se sentait mal à l'aise d'écrire en français, mais, à force d'écrire, elle s'est améliorée sans avoir l'impression de faire des devoirs. Même si le courriel a rapetissé la planète, il est magique d'avoir un correspondant.

UN VÉRITABLE LIVRE

Une fois que vos enfants ont mis sur papier les personnages et les intrigues qu'ils ont inventés, demandez-leur d'illustrer leur travail, de créer une couverture avec un titre, de rédiger une table des matières. Cela donnera une touche professionnelle à leur histoire. Pour produire un livre simple, percez deux trous dans les feuilles et reliez le tout avec un ruban. Quant aux perfectionnistes, ils pourront se procurer des reliures en spirale dans un magasin.

> ### DE FIL EN AIGUILLE
>
> Pourquoi ne pas organiser une exposition réunissant textes et dessins ? Encouragez vos préadolescents à rédiger des commentaires qui accompagneront les photos, les illustrations et les modèles de cette exposition (lisez l'idée 48, « Des œuvres d'art »).

Il faut encourager tous les enfants à développer leur créativité, sans chercher à en faire des inventeurs, mais en espérant que la génération à venir comprendra beaucoup de penseurs critiques.

FARAG MOUSSA

FAIRE SON CINÉMA

Les enfants qui cherchent à se rendre intéressants n'aiment pas toujours écrire, puisque cette activité tranquille ne leur permet pas de se mettre en valeur. Si c'est le cas des vôtres, proposez-leur d'écrire une pièce de théâtre, puis de rédiger un programme à l'intention des spectateurs. Si ceux-ci se donnent la peine de se mettre sur leur trente et un le soir de la première, vous aurez trouvé un moyen d'amener vos jeunes à tirer parti du pouvoir de l'écriture.

VOS QUESTIONS, NOS SOLUTIONS

Q

Thomas, qui a huit ans, n'a jamais été très bon en orthographe. Nous savons qu'il est intelligent, mais cette lacune l'empêche de progresser. Son enseignant nous dit que d'autres enfants sont bien pires que lui. Que pouvons-nous faire pour l'aider?

R

Il vaut peut-être la peine de faire subir à Thomas des tests psychologiques. Il se peut qu'il ait des problèmes de lecture précis, pour lesquels il aurait besoin d'aide. Vous pourriez aussi envisager de lui faire apprendre la dactylographie avec doigté, qui améliore souvent l'orthographe. Les correcteurs orthographiques ne sont pas parfaits, mais ils permettent de prêter attention aux mots que l'ordinateur ne reconnaît pas. Tôt ou tard, les enfants qui ne maîtrisent pas bien l'orthographe finissent par s'améliorer.

50

Savoir affronter la mort

La mort, une des rares certitudes de la vie, est un concept que les enfants peuvent avoir de la difficulté à saisir s'ils n'ont pas encore eu à y faire face. Que pouvez-vous faire pour aider vos jeunes ?

Les enfants ont autant de peine que les adultes quand un de leurs proches meurt, mais leur chagrin s'exprime différemment. Vous ne pouvez les empêcher de se sentir tristes, mais vous pouvez les aider à comprendre ce qu'ils éprouvent et à vivre cette perte avec le plus de sérénité possible.

En aidant vos rejetons à vivre le deuil, vous leur apprendrez la nature de ce moment difficile et les moyens d'y faire face. Les enfants voient la mort différemment selon leur âge :

• Ceux qui sont âgés de deux à cinq ans ne comprennent généralement pas que la mort est permanente et irréversible.

• Les enfants de six à huit ans savent cela, mais ils ne se rendent pas toujours compte qu'elle est inévitable.

• Les jeunes de neuf ans et plus saisissent que chaque être vivant finit par mourir.

D'autres facteurs influent sur l'intensité du deuil : la relation qu'entretenait l'enfant avec la personne décédée, le type de mort ainsi que les réactions de la famille et des amis.

COMMUNIQUER LA MAUVAISE NOUVELLE

Exposez les choses clairement et franchement à vos jeunes. Adaptez vos explications à l'âge de chaque enfant. Les euphémismes comme « maman est partie en voyage » ou « grand-papa s'est endormi » sont déroutants. Ils montrent

> **ON PLONGE !**
>
> Si vous pouvez prévoir qu'un de vos proches mourra bientôt, par exemple si votre beau-père souffre d'un cancer en phase terminale ou est très âgé, préparez vos enfants à cette épreuve. Expliquez-leur franchement ce qui va se passer et permettez-leur de faire leurs adieux à la personne mourante. Ils voudront peut-être aussi préparer un album-souvenir.

que vous êtes incapable de transmettre une mauvaise nouvelle à vos rejetons de façon qu'ils puissent l'assimiler. Même si vous avez l'impression d'être plus à l'aise en employant des phrases de ce genre, ne le faites pas, car celles-ci augmentent les risques de malentendus et pourraient même amener un enfant à craindre de s'endormir ou à vouloir attendre que son grand-père se réveille. Encouragez vos petits à vous poser des questions et rassurez-les en leur expliquant qu'ils ne sont pas responsables de la mort de l'être cher. Il vous faudra peut-être ajouter que les autres membres de la famille sont en santé et qu'ils ne devraient pas mourir bientôt.

LES FUNÉRAILLES

Si les enfants veulent participer à l'organisation des funérailles, permettez-leur de le faire. Expliquez-leur comment les choses vont se dérouler et envisagez la possibilité de les emmener à l'église ou au cimetière avant les obsèques. Laissez-leur voir le corps du défunt s'ils le désirent, à moins qu'il ne soit mutilé. Vous vous dites peut-être que cela les bouleversera inutilement, mais ce ne sera pas le cas si vous leur expliquez à quoi s'attendre. Dites-leur, par exemple, que les yeux de la personne seront fermés et que son corps sera froid.

Les jeunes se fâchent parfois si on ne leur permet pas de voir le corps de la personne décédée, car ils ont alors l'impression qu'on les a empêchés de lui faire leurs adieux. Il est bon pour eux de participer aux célébrations entourant le décès d'une personne. Demandez-leur s'ils veulent présenter un chant ou lire un poème. Les jeunes enfants pourraient avoir envie de faire un dessin et de le mettre dans le cercueil ; les plus vieux préfèrent souvent écrire une lettre.

DE FIL EN AIGUILLE

Le chagrin peut avoir des effets néfastes sur l'estime de soi. Les enfants malheureux ont parfois de la difficulté à dormir ou prennent du retard à l'école. Lisez l'idée 35, « Une bonne estime de soi ». Pour réconforter vos rejetons, vous pouvez leur offrir un animal dont ils auront à s'occuper. Lisez l'idée 28, « Les animaux de compagnie ».

La vie ne cesse pas plus d'être amusante lorsqu'une personne meurt qu'elle ne cesse d'être sérieuse lorsqu'une personne rigole.

GEORGE BERNARD SHAW

LES SOUVENIRS

Le fait de cultiver la mémoire de la personne décédée est une étape importante du processus de deuil. Les souvenirs aident les enfants (et les adultes) à intérioriser les qualités du défunt et à continuer d'avancer dans la vie. Les jeunes aiment préparer des boîtes à souvenirs et les remplir d'articles qui leur rappellent le défunt : lettres, photos, bijoux, livres, recettes.

Par ailleurs, la famille peut faire un album réunissant des lettres, des photographies et des fleurs. Chaque membre de la famille pourra y joindre un souvenir auquel il tient particulièrement. Dans les semaines qui suivent le décès, les gens regardent souvent l'album mais, graduellement, ils se mettent à moins le consulter ; finalement, ils n'y jettent plus un coup d'œil qu'à la date anniversaire du décès. Il faudra peut-être trouver un autre moyen permettant aux enfants de penser au défunt à la date de son décès ou de son anniversaire, ou à d'autres moments importants, comme Noël ou le Nouvel An.

Souvent, les jeunes ne savent pas quoi faire lorsqu'ils se rendent au cimetière. Si ça leur dit, ils pourraient laisser un dessin, une carte faite à la main ou la photocopie d'un bulletin scolaire plutôt que des fleurs. Si c'est une personne jeune ou un enfant qui est mort, vous pourriez lui rendre hommage en lui remettant, à titre posthume, un prix pour une matière où il excellait. Une autre suggestion : plantez un arbuste dans un coin de son parc préféré et joignez-y une plaque commémorative.

VOS QUESTIONS, NOS SOLUTIONS

Q **Mon conjoint est mort l'année dernière. Mon fils aime parler de son père et se rappeler certains souvenirs à l'occasion, mais, à d'autres moments, il semble tout simplement heureux et ne cherche pas à y penser. Souvent, je ne sais pas quoi dire ou faire, car je ne sais pas quel est son état d'esprit.**

R Les enfants peuvent passer assez rapidement d'un état à un autre. Pour eux, il est normal d'être malheureux durant quelques instants et de se sentir de bonne humeur quelques minutes plus tard. Il n'existe aucun moyen fiable de deviner l'état d'esprit d'un enfant. Vous devez lui demander comment il se sent.

Q **Ma mère est en phase terminale. Mes enfants sont très proches d'elle, et je ne veux pas les bouleverser en leur disant que leur grand-mère est mourante. Est-il préférable de leur cacher la vérité ?**

R Ne sous-estimez pas la capacité de vos enfants à déceler ce qui se passe. Les parents sont souvent surpris de constater que leurs rejetons connaissent bien des « secrets » que les adultes ont voulu leur cacher. La tristesse des parents, le langage corporel et les chuchotements entre adultes sont des indices que les petits savent décortiquer. L'incertitude est souvent plus difficile à vivre que la vérité, aussi triste soit-elle.

Q **Ma fille veut lire un poème aux funérailles de son amie, mais je crains qu'elle soit incapable de le faire le moment venu.**

R Pourquoi ne pas enregistrer le poème d'avance et faire jouer la cassette pendant les funérailles ? Grâce à l'enregistrement, votre fille pourra bien faire les choses. Par ailleurs, il lui sera toujours possible de lire son poème de vive voix le jour des funérailles si elle s'en sent capable. L'enregistrement a un autre avantage : la famille de la défunte serait sûrement heureuse de recevoir cette cassette en souvenir.

51

Après une séparation

Les conséquences d'une séparation sont difficiles à vivre. Nous ne prétendons pas avoir toutes les réponses, mais nous vous proposons des moyens d'adoucir l'impact que peut avoir cette décision sur les enfants.

Ce ne sont pas tous les mariages qui durent. Lorsque des parents se séparent, toute la famille en subit les contrecoups. Que peuvent-ils faire pour essayer de sauver les meubles ?

RÉGLER SES COMPTES À LA COUR

De plus en plus de mariages se terminent devant la cour. Cela a des répercussions profondes sur les enfants et les familles, qui sont alors aux prises avec l'instabilité et l'incertitude sur les plans affectif et financier. Soudain, les membres de la famille ne sont plus sur la même longueur d'onde (relisez l'idée 19), et l'harmonie fait place à la mésentente et aux conflits.

295

Vous vous inquiétez parce que vos enfants prennent du retard dans leurs travaux scolaires ou parce qu'ils sont agressifs et méfiants ? Vos sages préados se mettent à avoir des ennuis ? Ils deviennent des êtres misérables qui se croient responsables de votre séparation ? Une rupture peut entraîner ce genre de conséquences, mais elles ne dureront pas éternellement, et vous pouvez faire beaucoup pour les amenuiser.

INFORMER LES ENFANTS DE LA SITUATION

La plupart des parents qui se séparent se demandent quoi dire à leurs enfants. Vous n'avez pas besoin de leur fournir de détails sur les rapports extraconjugaux que leur père entretient avec sa secrétaire, mais expliquez-leur la situation franchement pour éviter de leur voir nourrir de faux espoirs : « Il arrive qu'une relation ne fonctionne pas ; cela attriste toute la famille, mais tout le monde ira mieux avec le temps. » Évitez les remarques comme : « Votre père est un salaud et je le déteste » ; choisissez plutôt : « Votre père et moi ne nous aimons plus assez pour continuer de vouloir vivre ensemble. »

Les enfants de deux à cinq ans ont du mal à comprendre ce qu'est une séparation ou un divorce. Ils pourraient connaître certains retards de développement, avoir de la difficulté à devenir propres ou se mettre à utiliser un langage puéril. Les accès de colère, les larmes et la recherche d'attention sont des réactions courantes, mais de courte durée.

Les enfants de six à huit ans commencent à comprendre ce que signifie une séparation ou un divorce. Beaucoup d'entre eux ont énormément de peine de voir la famille se diviser et se mettent à s'ennuyer du parent qui a quitté le nid.

ON PLONGE !

Les enfants qui subissent les affres de la séparation ont plus que jamais besoin de constance. Si votre ex et vous vous entendez pour faire appliquer les mêmes règles familiales dans vos deux foyers et pour imposer les mêmes punitions en cas de méfaits, vos enfants seront moins bouleversés, et vous essuierez moins de manipulations et de crises de rage de leur part. Malgré la peine que vous a faite votre ex-conjoint ou la colère que vous ressentez à son égard, essayez de continuer d'être sur la même longueur d'onde que lui. En agissant ainsi, vous éviterez à vos enfants de se blâmer pour votre rupture.

Les enfants de neuf à douze ans saisissent ce qu'est une séparation ou un divorce. Certains d'entre eux éprouvent des sentiments de honte, de colère ou de ressentiment à l'égard d'un de leurs parents ou des deux.

5 STRATÉGIES DE SURVIE

1. Écoutez vos enfants. Lisez l'idée 23, « Savoir écouter ».

2. Faites-leur comprendre qu'ils ne sont pas responsables de votre rupture. Ils peuvent avoir du mal à saisir que vous vous séparez de votre conjoint, et non d'eux.

3. Informez l'école de la situation. Les enseignants remarqueront à coup sûr des changements dans la capacité à se concentrer de vos enfants, dans leurs relations avec leurs amis, dans la qualité de leurs travaux. S'ils sont au courant de ce qui se passe à la maison, ils feront preuve d'empathie et réprimanderont moins vos petits.

4. Il est parfois tentant de compenser en comblant les enfants de cadeaux. Cependant, les présents ne remplacent pas les paroles d'amour, que vous devez leur donner.

5. Peu importe ce que votre ex vous a fait, essayez de ne pas le ou la critiquer devant les enfants. Trop souvent, les jeunes sont pris entre deux feux.

DE FIL EN AIGUILLE

Comme la mort d'un parent ou d'un grand-parent, la séparation cause du chagrin. Pourquoi ne pas faire un album-souvenir (lisez l'idée 50, « Savoir affronter la mort ») pour mettre en évidence les réalisations de l'ancienne famille et reconnaître que celle-ci fait maintenant partie du passé ?

Lorsque je ne peux plus supporter l'idée des victimes de foyers brisés, je me mets à penser aux victimes des foyers intacts.

PETER DE VRIES, romancier et caricaturiste, auteur de Tunnel of Love

LE DIVORCE : UN DÉBUT ET NON UNE FIN

Il peut sembler bizarre de voir un aspect positif dans la séparation, mais il y en a au moins un : ce n'est pas parce que le divorce marque la fin d'une relation qu'il ne peut correspondre à un nouveau départ. L'arrivée de nouveaux membres dans la famille devrait améliorer la vie des enfants et non pas la détruire. Et de l'argent de poche en double, c'est aussi un avantage…

UN « AMI SPÉCIAL »

Après une séparation, beaucoup de parents s'engagent dans de nouvelles relations. Si c'est votre cas, vous ne savez peut-être pas comment vous y prendre pour présenter à vos enfants votre nouveau compagnon et ses petits. La franchise est un bon point de départ. Les esquives du genre « l'ami spécial de maman » lèsent les enfants, qui en savent souvent plus que vous le croyez. Pour éliminer une partie des maladresses inévitables, montrez à vos rejetons comment ils doivent aborder votre compagnon. Organisez une activité pour faciliter la première rencontre et, après quelque temps, laissez-leur passer du temps ensemble pour souder la relation.

Nous avons tous des problèmes, petits ou gros, et nous les passons tous, jusqu'à un certain degré, à nos enfants.

Dr BENJAMIN SPOCK,
pédiatre et spécialiste
de l'éducation des enfants

VOS QUESTIONS, NOS SOLUTIONS

Q **Je fais bien des efforts pour préparer des repas équilibrés à mes enfants et pour mettre l'accent sur le travail scolaire, en limitant le nombre d'heures de télé. Malheureusement, lorsqu'ils vont chez leur père, ils ne font qu'écouter des vidéos et se nourrir de malbouffe. Mon ex m'a toujours trouvée trop stricte et, maintenant que nous ne vivons plus ensemble, il en fait à sa tête. Que puis-je faire ?**

R Nous vous rappelons que, si les routines sont différentes d'une maison à l'autre, vos enfants en seront bouleversés. Les pères « de fins de semaine » ont parfois besoin de participer davantage à l'éducation de leurs petits. Votre ex accepterait peut-être de se rendre à une rencontre de parents organisée par l'école de vos enfants, histoire d'en connaître un peu plus sur les devoirs et les travaux que vos jeunes ont à faire. Vous pourriez peut-être aussi l'encourager à enseigner la cuisine à vos rejetons (lisez l'idée 43, « De jeunes chefs »), ce qui leur donnerait le goût de manger autre chose que des mets à emporter.

Q **Samantha, qui a sept ans, est troublée le lundi matin, après avoir passé la fin de semaine avec son père et sa nouvelle conjointe. Devrais-je mettre fin à ces visites ?**

R Bien que nous comprenions votre désir de mettre un terme à ces visites, sachez que les avantages à court terme d'un tel changement finiraient par se transformer en problèmes. Le docteur Sal Severe, un spécialiste de l'éducation des enfants, a donné à ce trouble le nom de « syndrome du lundi matin ». En un mot, cela désigne les symptômes qu'éprouve un enfant lorsque, au moment où il commence à s'habituer à vivre avec son parent occasionnel, il doit retourner à la maison familiale. Bref, les jeunes doivent passer plus de temps avec le parent qui n'en a pas la garde, et non moins. Les fins de semaine ne sont pas assez longues pour que des liens véritables se créent.

52

Pour occuper la fin de semaine

Les prochaines 48 heures vous inquiètent ? Vous voulez passer une fin de semaine agréable ? Les parents qui planifient y parviennent.

Créez des habitudes et des traditions qui seront associées aux fins de semaine. Ce que vous faites importe peu : allez à la messe, préparez un souper spécial le vendredi soir, allez au musée le samedi après-midi. Il suffit d'établir une certaine routine et de profiter de celle-ci pour créer un sentiment d'appartenance.

En s'adonnant à des activités en famille, les enfants apprennent l'art de négocier et l'importance de faire des compromis.

Nous savons que vous n'avez pas le goût de planifier vos fins de semaine. C'est pourtant en procédant ainsi que vous en ferez des périodes fantastiques. Vos week-ends seront désastreux si vous avez trop de choses à faire simultanément : conduire Maxime au soccer, David à la piscine et Joëlle au tennis, et ce, à 14 h, alors que papa doit se rendre au golf et que vous avez un rendez-vous au salon de coiffure.

Si vous prenez la peine de noter les engagements de chaque membre de la famille, vous pourrez négocier des compromis quant aux activités à faire ensemble. Très important : prévoyez du temps libre. Les familles qui en font trop, sans se donner le temps de se détendre, finissent par avoir des problèmes, surtout lorsque des travaux scolaires surgissent tout à coup. Par ailleurs, en notant les choses à faire, vous risquez moins d'en oublier.

Lorsque les enfants sont inscrits à des activités hebdomadaires, les deux parents devraient les y conduire à tour de rôle, de sorte que ni le père ni la mère n'ait le sentiment d'être le chauffeur de service.

Si les enfants font ces activités avec des amis, il est possible d'organiser du transport en alternance avec d'autres parents. Il y a trois ans, la famille Gadbois a mis un système de ce genre sur pied avec quatre autres familles. Tous les samedis matin, un couple conduit les enfants des cinq familles aux cours de natation. « Nous en avions assez de passer tous nos samedis matin à la piscine. Nous sommes donc partis à la recherche de parents qui, eux aussi, en avaient assez. Lorsque c'est mon tour de conduire les jeunes, je vois davantage les progrès qu'ils ont accomplis au cours des dernières semaines ; cela les encourage à s'améliorer. »

ON PLONGE !

Allez cueillir de petits fruits dans une ferme. Les fraises, les framboises et les bleuets semblent avoir été créés pour être cueillis par les enfants. Par ailleurs, si vous avez la chance d'avoir des framboisiers près de chez vous, vos fruits ne vous coûteront rien. En faisant ce genre d'activité, les enfants apprennent comment poussent ces fruits et s'habituent à des saveurs différentes. Pour multiplier les occasions d'apprendre, incitez-les à en mettre dans leur lunch ou à les utiliser pour faire un gâteau ou des confitures.

Quant aux Latendresse, ils ont mis un club cinématographique sur pied avec six familles du voisinage : tous les samedis matin, les enfants descendent au sous-sol d'une des maisons pour regarder des DVD. Les autres parents ont une matinée libre : ils peuvent aller au gym, faire des courses ou simplement rester au lit.

Amener des enfants au musée est une expérience désastreuse pour bien des parents. Cependant, les problèmes sont souvent attribuables au fait que les enfants sont mal préparés ou que les familles veulent trop en faire en une seule visite.

Vos jeunes adoreront leur visite au musée si vous commencez par la boutique. Avertissez-les que vous n'achèterez ni crayons ni règles, mais qu'ils pourront choisir trois cartes postales. Trouvez un coin tranquille et lisez-leur le texte écrit au verso des cartes. Demandez-leur pourquoi ils ont choisi ces cartes. Qu'est-ce qui leur a plu ? Ensuite, aidez-les à trouver dans le musée les peintures, les maquettes ou les sculptures qui apparaissent sur leurs cartes. Vous n'aurez sans doute pas le temps d'admirer toutes les collections, mais vos enfants seront heureux de découvrir le contexte entourant leurs cartes.

> **DE FIL EN AIGUILLE**
>
> Vous passez la fin de semaine à faire du ménage et à ranger tout ce que vos enfants ont laissé traîner durant la semaine ? Établissez un partage des tâches entre les membres de la famille, et tentez de faire ces corvées durant la semaine (lisez l'idée 26, « Ce n'est pas mon tour »). Ainsi, toute la famille aura congé une fois le week-end venu.

Les sorties sont bien plus agréables lorsqu'on peut en goûter les plaisirs à travers les yeux d'un enfant.

LAWANA BLACKWELL, The Courtship of the Vicar's Daughter

Vous pourriez aussi vous renseigner sur les expositions présentées au musée et laisser vos enfants choisir un étage à explorer. Si vous procédez ainsi, votre sortie sera à coup sûr plus réussie que si vous tentez de faire une visite complète du musée. Par ailleurs, il est préférable de mettre fin à la visite lorsque tout le monde y porte encore de l'intérêt que de traîner vos enfants d'une salle à l'autre afin d'en avoir pour votre argent.

UNE RANDONNÉE DANS LA NATURE

Comme bien des parents, vous vous demandez comment persuader vos enfants de sortir faire une longue promenade avec vous la fin de semaine. Nous avons quelques trucs pour vous.

Curieusement, les cacas des animaux intéressent les moins de cinq ans, mais aussi les plus vieux, qui ont déjà un certain esprit scientifique et un sale sens de l'humour. Avant de mettre notre idée de côté, rappelez-vous que les tout-petits portent un intérêt particulier aux matières fécales. Organisez donc une promenade au cours de laquelle vous demanderez à vos enfants de découvrir, à l'aide des empreintes que les animaux (chevaux, vaches, lapins, pigeons, chiens) ont laissées, à qui « appartiennent » les petits tas qu'ils trouveront en cours de route. Si vous faites appel à l'esprit de compétition des enfants, vous constaterez avec plaisir que leurs petites jambes sont prêtes à marcher longtemps pour gagner.

Si vous marchez en famille ou avec un groupe d'amis, divisez les enfants en équipes en vue d'une chasse au trésor. Pendant que tout le monde se prépare, dressez une liste d'objets que les équipes devront trouver en cours de route. Incluez des articles qui inciteront les enfants à explorer, comme une feuille jaune, une marguerite, un gland de chêne, un ver de terre, un sou, une pince à cheveux ou un trèfle à quatre feuilles.

Si possible, remettez une copie de la liste à chaque équipe ; sinon, gardez-la et agissez comme arbitre en nommant l'article que chaque groupe doit trouver. Lorsqu'une équipe a découvert l'objet en question, elle obtient un point, et tout le monde passe à l'article suivant. Le groupe qui obtient le plus de points gagne. Si chaque équipe a sa liste, c'est la première à avoir réuni tous les articles qui gagne.

VOS QUESTIONS, NOS SOLUTIONS

Q **J'essaie souvent d'emmener mon fils de cinq ans marcher seul avec moi, mais il finit par s'ennuyer et par vouloir revenir à la maison. Que puis-je faire pour maintenir son intérêt ?**

R Si vous marchez avec un seul enfant, donnez-lui une loupe pour qu'il puisse examiner des feuilles, des insectes, des fleurs ou même ses ongles. Lorsqu'il vient de neiger, les promenades peuvent être bien amusantes, surtout le soir. Prenez une lampe de poche et faites remarquer à votre petit les sons qu'il entend et les formes qu'il aperçoit. Les plus vieux ont souvent des réticences à marcher. Quand votre enfant grandira, vous pourrez aller vous promener avec lui en soirée, dans des coins qu'il connaît bien.

Le mot
de la fin

Ne s'agirait-il pas plutôt d'un nouveau début? Nous espérons que les idées présentées dans ce livre vous inciteront à mettre nos conseils à l'essai et vous encourageront à évaluer comment vont les choses avec vos enfants. Vous devriez maintenant être en mesure de savoir comment entretenir une relation brillante avec vos petits et comment vous y prendre pour régler certains des problèmes que les parents vivent avec leurs enfants.

N'hésitez pas à nous faire part de vos idées et à nous dire comment vont les choses. Qu'est-ce qui vous a aidé à régler les accès de colère de votre enfant ou à mettre fin à l'intimidation dont il était victime? Vous avez peut-être des trucs à nous faire connaître. Si vous avez aimé ce livre, sachez que nous avons aussi, dans d'autres domaines, des idées géniales qui pourraient vous aider à améliorer votre vie.

Pour nous transmettre vos commentaires :
www.livres.transcontinental.ca

Les Éditions
Transcontinental